前言

教养孩子是个难题，而且孩子越大，这个难度也越大。我们要怎样教，怎么样，才能让孩子真正健康快乐地成长？

然而，不管有多难，我们这些做父母的，哪怕再累再苦再头疼，也愿意竭尽全力送给孩子一个好人生。

关于家庭教养，最大的问题是，父母们往往只看到了孩子的行为表象，却忽视了孩子的内心想法，他们觉得是孩子"不听话"，可孩子并不这样想，思想上的分歧往往导致沟通不畅和教育败局。

还停留在这个认知层面的父母要注意，你的认知必须升级了。你需要一种养育孩子的高级打开方式。

父母们必须深刻地认识到：子女教育实际上是一门"动心"的功课，如果你不把工作做到孩子心里去，教育效果只会显得苍白无力。父母不要总是自以为是，完全以自己的意志为标准去教育孩子，甚至不去和他们讲道理。这不是教育，是驾驭！

这样的教养方式，不能促成亲子间的有效沟通，也不能对孩子生理、心理的健康发育进行正确有效的辅导和帮助，往往还会导致孩子出现成长障碍和心理发育不完善等问题，这对孩子人生的影响何其严重？不言而喻。

真正的高级教养，不是把孩子教育成自己和别人眼中的"好孩子"，而是引导孩子成为你和他自己都欣赏的样子，这需要我们能够倾听孩子的心声，读懂孩子的悲喜，理解孩子的无助，接受孩子的脆弱……像朋友那样，陪伴孩子成长。

所谓高级教养，就是陪着孩子好好成长，用正面管教的方式，做高段位父母。

《高级教养》就是要告诉家长们：如何去认识孩子的心理成长规律，如何以积极而科学的教养方式来回应孩子的各种表现。请相信，当我们更新了观念，以全新的视角去看待孩子，以不同的做法去回应孩子时，您的教养之路将会越来越轻松。

这本书通过理论和个案解读，让父母跳出自身固有的教育思维惯性，透过反观自己与孩子相处的模式，去清楚地认知自己与孩子的关系在于——爱、沟通、引导和教育，从而感受生命真爱的链接，正确激发孩子的潜能。

高级教养

Advanced education

文静 著

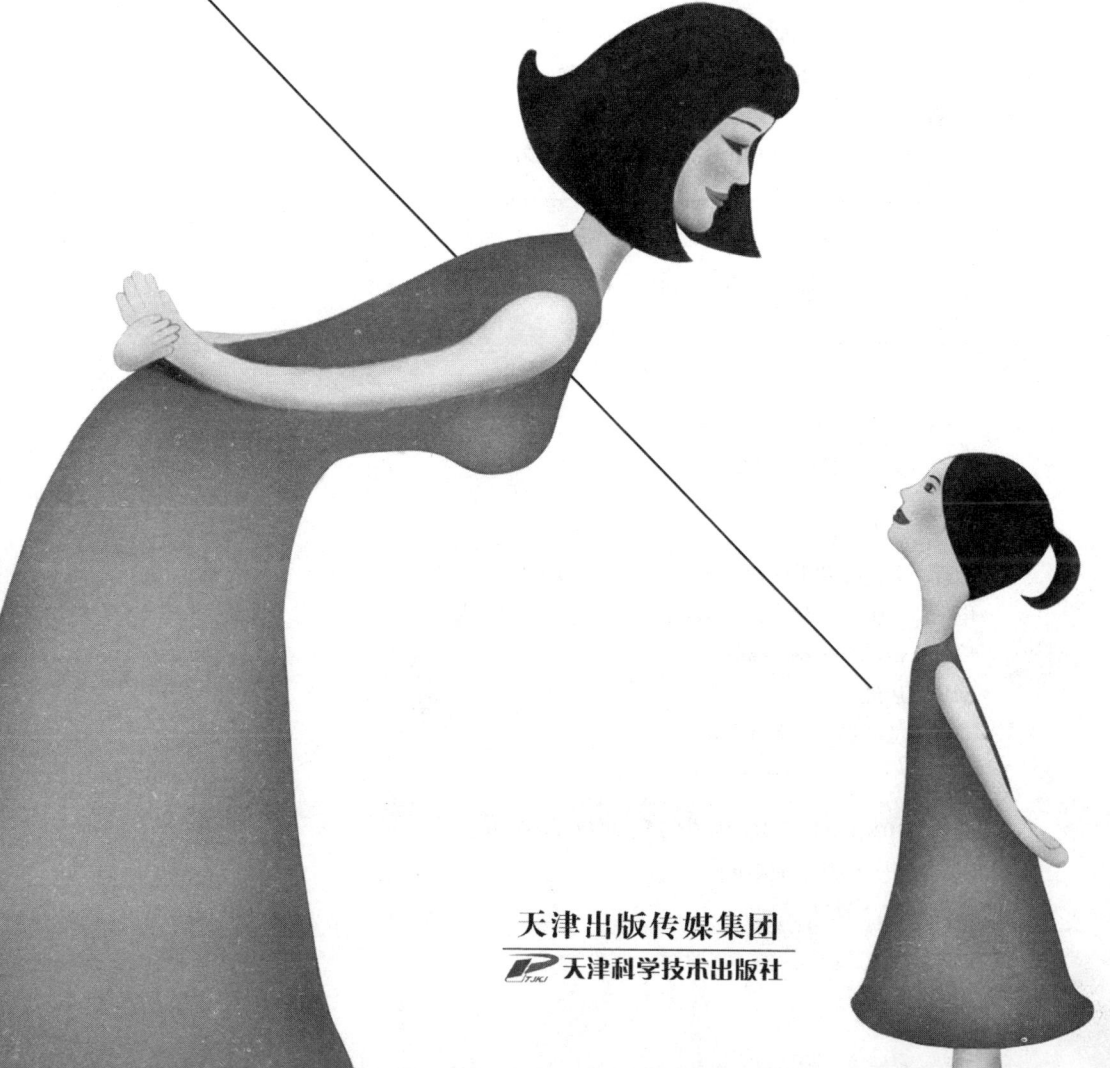

天津出版传媒集团

天津科学技术出版社

图书在版编目（CIP）数据

高级教养 / 文静著. —天津：天津科学技术出版社，2020.4

 ISBN 978-7-5576-7666-7

Ⅰ.①高… Ⅱ.①文… Ⅲ.①家庭教育—研究 Ⅳ.① G78

中国版本图书馆 CIP 数据核字（2020）第 056274 号

责任编辑：梁　旭

责任印制：兰　毅

天津出版传媒集团 出版

天津科学技术出版社

出版人：蔡　颢
地址：天津市和平区西康路35号　邮编 300051
电话：（022）23332369（编辑室）
网址：www.tjkjcbs.com.cn
新华书店经销
北京溢漾印刷有限公司印刷

开本 710×1000　1/16　印张 15　字数 200 000
2020年4月第1版第1次印刷
定价：42.80元

目 录

第1讲 这才是家教
——你的样子，就是孩子的样子

家庭，孩子启蒙的第一站 …………………………………… 2
家庭环境，注定成长方向 …………………………………… 3
孩子的人格都是父母给的 …………………………………… 6
小心点，别把孩子带坏了 …………………………………… 8
做个好样子给孩子看 ………………………………………… 10
有孩子在，就不要吵吵嚷嚷 ………………………………… 13
　　※智杰点津：家庭教育必须保持同步 …………………… 15

第2讲 也许你不会爱孩子
——用对的方式，给孩子最好的爱

骂孩子是很低级的教育 ……………………………………… 20
就算为他好，也别总斥责 …………………………………… 22
赶快放下你手中的破棍子 …………………………………… 25
慈父慈母，未必就是好父母 ………………………………… 27

你越护孩子，越是害孩子……………………………31
大把给钱，易将孩子未来买断…………………………34
不一定你觉得好，真对孩子好…………………………38
想孩子成才，也别胡来……………………………40
　　※智杰点津：宽严相济才是好教育……………………43

第3讲　最好的陪伴是懂你
　　——读懂孩子的心，才能了解孩子的行为

你的孩子，就应该是调皮的……………………………48
任性孩子的内心，很有深意……………………………51
他只是"拿"，你别说是"偷"…………………………53
每一个叛逆孩子，都有深刻的故事……………………56
孩子虽然小，他也有烦恼………………………………59
重视精神给药，别让孩子心灵感冒……………………61
　　※智杰点津：教育应符合孩子心理节拍………………64

第4讲　别错过智能发展黄金期
　　——抓住成长敏感期，赋予孩子生命的助力

孩子嘴"贫"，是语言敏感期来了……………………68
培养孩子社交力，始于人际敏感期……………………70
视觉敏感期，务必关注孩子的眼力……………………73
音乐敏感期，顺势培养就好……………………………78
孩子问题多，是思考力在壮大…………………………81
习惯从小抓，教孩子做事有计划………………………83

从小教孩子理财，以免他穷在未来··················86
　　※智杰点津：孩子手巧，心才灵··················90

第5讲　爱与智慧的对谈
　　——潜入灵魂去沟通，陪孩子走好每一步

亲子矛盾，主要是爸妈的错··················94
把姿态放低，孩子才愿意亲近你··················96
让沟通对等，还给孩子发言权··················98
与孩子交心，亲子沟通很开心··················100
你愿意倾听，孩子才吐露心声··················102
巧妙问话，套出孩子心里话··················105
别不好意思向孩子说出你的爱··················107
　　※智杰点津：如何化解家庭代沟与冲突··················109

第6讲　不打不骂也听话
　　——这样跟孩子定规矩，孩子心底不抵触

如果孩子犯错，请尽量保持温和··················114
让孩子学会自己判断是非··················117
科学给予惩戒，以免铸成大错··················119
一步一步，引导孩子知错改错··················121
利用契约约束，强化孩子自制力··················124
临时隔离，让孩子"老实"一些··················126
鼓励孩子为错误做合理的辩解··················130
　　※智杰点津：自我责备让孩子认知更深刻··················132

第7讲 拯救学习障碍
——让孩子主动去学习，其实一点都不难

孩子厌学，到底为什么············136
习惯性粗心，是学习的大敌············138
排除走神诱因，培养学习专注力············141
补上学习短板，攻克偏科问题············143
时时紧盯，不如巧妙引导············145
孩子作业拖沓，不能靠打与骂············149
一考试就焦虑，怎么帮孩子稳住自己············153
　　※智杰点津：让孩子学不如教孩子学············156

第8讲 陪孩子玩起来
——父母科学陪玩，孩子赢得一个好未来

孩子淘气时，其实有金子可挖············160
科学陪玩，玩出一个小天才············161
允许"破坏力"，激发创新力············164
在游戏中实现男孩的"将军梦"············167
利智游戏，培养孩子想象力············171
寓学于乐，让学习不再是难题············174
　　※智杰点津：如何让孩子正确使用电脑············177

第9讲　送孩子一副好口才
——加入技巧地引导，让孩子既敢说又会说

好口才的前提，是彬彬有礼…………………………………184
幼儿期语言训练请务必注意…………………………………187
引导害羞的孩子，大方与人招呼……………………………190
感激之心不可缺，教会孩子说"谢谢"……………………193
当孩子学会赞美，他就会人见人爱…………………………196
提醒孩子注意，别总用命令式语气…………………………198
讲个故事，教会孩子选择性说话……………………………200
　　※智杰点津：对症下药，消灭孩子的脏话………………204

第10讲　带着孩子交朋友
——帮孩子解决社交难题，从小培养孩子社交力

接待之道从小就要教…………………………………………208
把拜访礼仪传授给孩子………………………………………212
别把孩子养成"势利眼"……………………………………214
不要总对孩子说，外面坏人多………………………………216
给予孩子足够的社交鼓励与支持……………………………218
在生活日常中培养孩子合作能力……………………………220
小孩闹矛盾，教他自己去解决………………………………224
　　※智杰点津：如何拯救孩子社交退缩症…………………228

第1讲 这才是家教
——你的样子，就是孩子的样子

※ 孩子长大后的样子，都可以从父母身上找到影子；

※ 你所有的缺点，都会在孩子身上暴露无遗；

※ 那么在培养孩子之前，请务必先培养你自己。

家庭，孩子启蒙的第一站

培养孩子，家庭环境的影响是第一因素。一个生活在经常吵架、火气四溢家庭中的孩子，会受到巨大的心理伤害和情感伤害，孩子会在不知不觉中学会父母暴躁的脾气、吵吵闹闹，长大后绝不能沉稳处事。

有一个很聪明的孩子，想象力十分丰富，文字表达能力很强。但是，他的作文总给人一种满篇牢骚、怒火中烧的感觉。写作的题材基本上都是"路见不平，拔刀相助"。"这样的孩子将来能沉稳地处事吗？"孩子的班主任想。

这个孩子对班主任是十分尊敬的，当班主任提及他的心中怒火时，这个孩子发怒了："你问这个干什么？"说完扭头就走，喊都喊不回来。

一个星期天，他妈妈来找班主任。班主任给她讲了实话。没想到这位母亲竟和她的儿子说出同样的话："你问这个干什么？"并流露出一种强烈的愤怒。

这位班主任慢慢地给她讲了一些培养孩子心理智慧和情感智慧的知识，讲了一些全面塑造孩子心灵的道理，这位母亲才平息了心中的愤怒。这位母亲是一个直性子人，愤怒平息后，她的态度很快就变得友好起来，并毫不隐瞒地讲了实话。

原来，在家里，孩子的父母几乎没有一天不吵架。他们之间没有情感的隔阂，但是，性格却都十分火暴，几乎连一句平和的话都很少说，一开口就带有火药味。孩子小的时候，他们一吵架，孩子吓得瞪着大眼睛发呆。孩子大点的时候，他们一吵架，孩子就咬着嘴唇愤怒地盯着他们，不说一句话。再大一点的时候，就干脆跑出屋子，几个小时不回家。

这位班主任语重心长地告诉她："为了孩子，要熄灭家庭战火。"过了几天，这个孩子的母亲带着父亲来了，非要班主任把给她讲过的话再讲给她的丈夫听。经过几次接触，这位孩子的父母性格有了很大的变化，孩子也似乎像变了一个人。

家庭，是孩子接受启蒙教育的第一站。家庭对于孩子而言，其重要性不止体现在"现在"，而且关系到"未来"。孩子小时候的家庭生活，对他的将来影响非常大，或者说，在很大程度上决定了他的未来。所以说，要想培养人才出众的孩子，父母首先就要为孩子营造一种平静的心理和情感环境。

家庭环境，注定成长方向

孩子的健康成长，尤其是孩子健康心灵的形成，往往取决于孩子是否有一个良好的家庭环境，取决于父母的教养方式是否合理。

有这样一个故事：有一年京城举行大考，一位秀才带着他近期将临盆的妻子前往京城应考，这样既不耽误考试，还可以照顾妻子。

谁知一路的奔波动了胎气，妻子在路上阵痛起来。秀才只好带妻子住进了一家酒馆，更巧的是，酒馆老板的妻子也正要生产。秀才看到这种情景心底踏实了许多，现成的接生婆正好顺便帮妻子接生，免去了许多麻烦。

当天晚上，秀才的妻子和酒馆老板的老婆先后产下两个儿子，母子皆平安。两个男婴算来竟是同年同月同日同一时辰生下的。两家人都非常高兴，这也算得上有缘了。秀才在考完回程时，又在酒馆住了3年多，每日教两个孩子习字、作画，两个孩子都很聪明，这让秀才越看越爱。后来由于家乡有事，秀才才告别酒馆老板和妻儿一起回乡。

一转眼，16年过去了，秀才和酒馆老板的儿子都长大了，秀才的儿子没有辜负父亲的期望，考上了状元。老秀才高兴之余，想起酒馆老板的儿子与自己儿子的生辰八字相同，想来也有个锦绣前程吧。

回想当年酒馆老板收容妻子临盆之恩，秀才便准备了礼物，专程去拜访酒馆老板。等到了酒馆老板家，只见老板正坐在门口吸着旱烟，秀才将礼物呈上，并问起了他的儿子。酒馆老板指了指门内，说道："喏，在干活呢！"

秀才顺着酒馆老板的指引，看到屋内有一个年轻人正站在柜台内给客人打酒呢！"是他，这可奇怪了。你儿子和我儿子生辰时刻相同，八字也一样，理应此时也该求取个功名才是，怎么会……"秀才满脸诧异。

酒馆老板大笑："什么功名，这小子从小跟着我卖酒、招呼客人，大字不识几个，拿什么去考功名啊！"

从这个故事里，我们就可以清楚地看到家庭环境对孩子成长的影响。两个同年同月同日生的孩子，在聪明程度上也不分上下，可是秀才的儿子考上了状元，酒馆老板的儿子却站在柜台前卖酒。因此教育学家认为，从

第1讲 这才是家教
——你的样子，就是孩子的样子

某种程度上说，孩子的命运、成长方向往往取决于他的家庭环境。

事实上，好的家庭环境也并非指富有的父母，而是指父母关爱孩子，正直有品位，与孩子有良好的互动，这才是最适合孩子成长的家庭环境。

1. 夫妻相敬相爱

夫妻应该相敬互爱，而且要公开地让孩子们看到这种深厚感情。比如，父亲在生活中多照顾妻子，逢年过节向他们的母亲赠送礼物，出门时给她写信等。如果一个孩子了解他的父母是相亲相爱的话，父母就无须更多地向他解释什么是友爱和亲善了。父母的真实情感流入了孩子的心田，从而有益于他在将来的各种关系中发现真挚的感情。

2. 夫妇共同教育孩子

教育孩子是父母共同的责任，但在大多数情况下，在操持家务和养育孩子方面妻子要比丈夫付出得多，这样做是不好的。一个良好的家庭里，丈夫应该自觉地帮助妻子，这样不但会赢得孩子的尊敬，而且会使夫妻有更多的时间和精力抚养教育孩子，因为帮助妻子就是对孩子的爱。

3. 身教重于言传

父母需要主动地将基本的价值观和行为方式示范给孩子，以便于孩子在社会上成长。当然，身教胜于言传。当我们把垃圾放入垃圾箱里，孩子也会这样做；而如果我们随处乱丢的话，孩子也会乱丢杂物。如果我们待人接物彬彬有礼，助人为乐、处世豁达，我们的孩子也就有可能成为这样的人。孩子在潜移默化地模仿着我们，因此我们需要使自己成为好的榜样。

孩子从他的家庭环境中可以学到许多东西，家庭就是孩子的整个世界，因此，父母们要注意身教重于言传，给孩子创造好的家庭环境，这样孩子的心灵才能健全。

孩子的人格都是父母给的

孔子曾说过:"其身正不令而行,其身不正虽令不从。"把这种观点应用到儿童教育中就是,要想塑造孩子的人格,父母就先要严谨自律,通过自己的良言善行熏陶孩子,这样父母根本不必向孩子说教,孩子自然就品行优良了。

有这样一个故事:有一位父亲年纪大了,身体极其虚弱,生活难以自理。于是,就搬去与儿子、儿媳及5岁的小孙子同住。由于中风留下的后遗症,老人的手经常不由自主地颤抖,步履蹒跚。

刚开始,全家人坐在同一张桌子上用餐。可是很快地,儿子儿媳就发现上了年纪的老父亲摇晃着的手使他无法顺利进餐。比方说,米饭会经常从父亲拿着的汤匙上抖落下来;当他握着杯子时,牛奶会泼到桌布上。儿子儿媳终于忍不住了,开始对老人白眼相加,有一天,儿子甚至因为老人弄翻饭碗而呵斥老人。

没过多久,夫妇俩就在墙角设置了一张小饭桌。在那个角落,父亲一人孤独地吃着饭,家中其他成员则在另一边享受着美食。再后来,当父亲打破了两个碟子后,他的食物就被盛在一个木碗里面——饭和菜被拌在一起。有时,当家人偶尔朝那边瞥一眼时,他们会发现,老人的眼里含着泪。他显得那么孤独和无奈。然而,这对夫妇所能够给予老人的唯一话语

第1讲 这才是家教
——你的样子，就是孩子的样子

仍旧是，警告他不要弄翻食物。

这一切，5岁的孩子都默默地看在眼里，记在心里。一天，晚饭前，孩子在地板上用小刀削小木块。父亲看见了，觉得好奇，就走过去，柔声问道："你在做什么呀？"也许是被父亲特别的语调所感染，孩子回答道："哦，我在做木碗，等我长大以后好拿来给你们用。"5岁的孩子说完了，仍旧微笑着削他的小木块。

父母一下子呆在了那里，一句话也说不出来，眼泪大滴大滴地从面颊上滚落。虽然都没有说什么，他们却知道了该怎么做。那晚，丈夫小心地扶着老父亲的手，将他带到饭桌上。从此以后，无论是丈夫还是妻子，都没有再在意诸如菜掉到桌上、牛奶泼出来或者桌布被玷污了之类的事了。

父母的所作所为在很多方面对孩子有着潜移默化的影响，父母的价值观念和处世原则往往会通过自己的行为根植于孩子的心中，成为孩子将来人生态度中的一部分。因此家长如果想塑造孩子的人格，就必须先以自己的人格感召孩子，让孩子在长期的耳濡目染中，受到熏陶，获得好的影响。

要熏陶孩子，家长先要严格要求自己。比如，父母要求孩子学习，自己却不看书，说一套做一套；父母教育孩子要爱学习、讲道德、守纪律、求上进，自己却不学无术，成日沉溺于吃喝享乐之中，即使再苦口婆心，孩子也很难接受。

小心点,别把孩子带坏了

如果你希望孩子才能出众,就要以身作则,给孩子一个良好的示范。事实证明,以身作则比给孩子讲道理要有效得多。因为没有判断力的孩子很难理解你的长篇大论,但却会积极模仿你的行为。

小磊是个8岁的孩子,在家里深得父母的宠爱。不过妈妈虽然宠爱他,却从不娇惯他。有一天,妈妈去接小磊时,听老师说孩子在学校表现得有点自私,总是只顾自己,不管别人,更不喜欢帮助同学。这让妈妈很忧虑,她决心好好教育孩子。

小磊家住在一座家属楼里,同楼层住着好几户人家,他们共用着楼道、厕所和厨房,因此打扫这些地方的卫生成了大家分内的事。从那天起妈妈经常主动地打扫楼道、厨房、厕所的卫生,还特意买了刷子、纸篓等东西,毫无怨言。

有一天,小磊又看见妈妈在打扫那些地方的卫生,就对她说:"妈妈,您真傻。自己掏钱买刷子、纸篓,让大家公用,还经常倒纸篓、扫楼道。这些别人都没干,您为什么那么积极呢?"妈妈趁机教育儿子说:"为大家服务是应该的!"小磊没再说话,可表情还是有些不服气。

有一天晚上,小磊待在家里写作业,写着写着钢笔没有墨水了。他在家里找了一会儿,发现墨水已经用完了。此时天色已晚,商店早就关门了,怎

第1讲 这才是家教
——你的样子，就是孩子的样子

么办呢？作业还没写完呢！小磊焦急地望着妈妈，妈妈也感到无可奈何。正好住在隔壁的许阿姨来串门，知道小磊要用墨水，就立刻说："墨水用完了吗？哦，不要着急，我家有。"说完，她赶忙走了出去，不一会儿，她拿来了一瓶墨水，笑着对他们说："这墨水你们先用着，等我们要用的时候再来拿。"于是，她放下那瓶墨水就走了。妈妈和小磊连忙道谢。

妈妈认为这是教育小磊的好机会，于是她故意对小磊说："这个许阿姨真是太傻了，将墨水送给了别人，她能够得到什么好处呢？"听了妈妈的话，小磊愣住了，似乎一下子明白了一个道理，忙说："妈妈，阿姨是好人，这叫互相帮助。"

妈妈见小磊渐渐明白了其中的道理，非常高兴，又乘机说："小磊，你说得对，许阿姨身体不是很好，而且工作忙，每天早出晚归，非常辛苦；李阿姨家有个3岁的孩子，每天都忙得不可开交；赵奶奶年纪大了，儿女都在外边，没人照顾。远亲不如近邻，谁家有难处，我们就应该伸出援助之手，尽量帮助他，而不能在一些小事上计较太多。"

听了妈妈的话，小磊惭愧地低下了头，红着脸说："妈妈，我错了，以前太自私了，请您原谅。我以后一定要多帮助同学，决不让您失望。"

从那以后，小磊真的变了，经常帮大家做一些力所能及的事。

小磊的妈妈教育孩子就很有一套，当她意识到孩子的行为偏差后，并没有严词责怪，也没有简单地教训孩子，而是以身作则，用自己的行动去影响孩子、教育孩子，给孩子树立正确的榜样，这样既简单又有效地纠正了孩子的错误。

俗话说："喊破嗓子，不如做个样子。"这完全可以用来比喻父母对孩子的身教。在这个世界上，孩子通过模仿而学习，他们的第一个模仿对象正是父母。孩子是父母的一面镜子，每位父母都可以从孩子身上看到自己的影子。因此,家长要求孩子相信的,自己必须相信;要求孩子做到的,自己必须身体力行;要求孩子全面发展,自己先要活到老、学到老;要求孩子少年早立志,自己的人生不能没有奋斗目标。我们很难想象,一位终日喝酒、打牌的父亲,或一位每天把大量时间花在穿戴打扮、逛商场上的母亲能给孩子做出勤奋学习的榜样;我们也很难想象,一对连自己父母都不愿赡养的爹妈能教会孩子关心和爱;我们同样很难想象,整天琢磨怎样占人便宜的父母能培养出孩子健全的社会属性……为了孩子检点自己的言行,为了孩子提高自身的修养,为了孩子以更加积极的态度对待生活,为了孩子努力去拓展自己有价值的人生,让孩子在自己身边学会做人,父母必须先修正自身,给孩子一个良好的榜样。

做个好样子给孩子看

在一个家庭之中,如果说男孩的成长是从模仿父亲开始的话,那么,女孩最容易模仿的对象就是母亲。父母的人生观、价值观,待人接物的方式,举止风度,都将给孩子留下深刻的印象,当他们成年以后,父母的影响就会在他们身上开花结果。

赵小兰随同家人来到美国一年后,入乡随俗,也想举办一次自己的生日派对。她跟妈妈讲了这个愿望。妈妈表示完全赞成,并亲手做了奶油蛋糕,准备了生日蜡烛和晚会帽子,希望自己的女儿能同美国孩子一样,热

第1讲　这才是家教
——你的样子，就是孩子的样子

热闹闹地做一次接受别人祝贺的小女主人公。

许多请柬发出去了，赵小兰期盼着客人们的到来。不料，生日派对那天晚上，只有两个同学来了，赵小兰的心情跌到了谷底，眼泪都快掉下来了。

妈妈的心灵感应到了女儿的心灵，却不动声色，照样举办生日派对，照样切蛋糕，照样唱生日快乐歌。母爱并不是一个模式的，赵小兰的母亲爱女儿，用自己的言行，向思想没有成熟的孩子灌输了处变不惊、不卑不亢、自尊自重的生活方式。母亲让孩子爱惜自己、尊重自己，保持尊严，让孩子保持自己的价值观，知道要为更美好的事物奋斗。因此，面对其他人时，孩子不会示弱，言行得体，不做让自己感到难堪的事情。好的父母会让孩子清楚地懂得，我们来自一个有教养的家庭，要仪态端庄、举止正确。

孩子是否以自己的父母为荣，父母身上是否有足够的精神营养供孩子汲取，这些都是重要问题。那些以父母为荣的孩子，更容易建立起较高水平的自尊，并对自己产生较高的自我预期。

对于家长来说，教养儿女的过程，也是一个自我教育的过程，孩子模仿父母，我们不能禁止孩子们模仿，相反，我们应该让自己值得模仿，哪怕是我们行为中最微不足道的细节。

吴莉莉是一位很有才华的女性，在一家广告公司做文案工作，她有一个5岁的小女儿，一家三口，生活得很幸福。大学时代的自由生活，使她养成了不拘小节的习惯，说话直接尖刻，从不顾及别人的面子，在日常生活中，不按时吃饭、通宵熬夜的事儿也时常发生。先生提醒过她多次，可吴莉莉当时答应得挺好，一转身就又忘记了，继续我行我素。

在女儿上幼儿园大班时发生的一件小事，使吴莉莉彻底改变了自己。

在一次家长会上，老师告诉吴莉莉："你的女儿很可爱，非常聪明，老师教什么东西她差不多都是第一个学会。但是她和小朋友们相处时表现不太好，昨天一个小朋友要和她一起玩拼图，她竟然说'这不是笨人玩的游戏，你醒醒吧'。"吴莉莉惊出了一身冷汗，天啊，这不是自己的口头禅吗？先生提醒过多次，可就是改不了。女儿这么小就目中无人，长大后不在社会上碰壁才怪，等她性格定型之后，再矫正肯定是事倍功半，看来从现在开始，就应该注意要在对女儿的教育上下功夫了。

吴莉莉知道女儿的一些小毛病，都是从自己身上学来的，要教导女儿，首先自己要改过。否则，不仅影响自己的个人形象，还将影响到女儿的一生。

从此以后，只要女儿在身边，吴莉莉就格外注意自己的言行举止，说话轻声细语，对先生和女儿坚持"多称赞，不挖苦"，每天吃过晚饭后，一家人在小区周围散会儿步，回家看看电视，看看书，安排女儿睡觉后，自己也按时休息。一开始时，吴莉莉总是有意识地控制自己，但时间长了，自然形成新的习惯，不仅仅是做给女儿看了。单位里新来的大学生，还总是赞叹"吴姐做人宽容体贴"呢！更重要的是，女儿在上小学的时候，不知不觉地，已经变成一个文静可爱、乐于助人的小姑娘，有规律的作息生活，更给了她一个健康的身体。

孩子模仿父母，最初并不会鉴别分辨。父母希望孩子学的，他会模仿；担心他学的，他照样会模仿。这时候，父母仅仅是在口头上禁止是没有效果的，自己都做不到的事，如何还能要求孩子做到？我国著名的教育家朱庆澜先生曾经明确指出："无论是什么教育，教育人要将自身做个样子给孩子看，不能以为只凭一张口，随便说个道理，孩子就会相信。"如果希望自己的孩子品学兼优，首先，爸爸妈妈要做出表率来。

第1讲 这才是家教
——你的样子，就是孩子的样子

有孩子在，就不要吵吵嚷嚷

在孩子心理发育的过程中，如果夫妻关系不好，父母不良的情绪就会投射到孩子身上，产生不安全感和不信任感。在日后人格形成的过程中，孩子就会无法面对某些情绪，出现紧张、害怕，孩子也因此会变得喜怒无常。

调查显示，一个家庭如果父母经常吵架，那么这个家庭中孩子的心理问题往往比离异家庭中的孩子还要多。专家告诫，让孩子生活得有安全感是为人父母最起码的责任。大人不要认为感情是两个人的事，便相互攻击、谩骂，这对孩子心理造成的负面影响将终生难以弥补。

君君的父母关系非常不好，经常在饭桌上当着君君的面吵得面红耳赤，吓得君君吃不下饭。有时候睡到半夜就听到隔壁妈妈在骂爸爸："我瞎了眼，当初怎么就看上你，要不是为了君君，早就跟你离婚了！"随即就听到砸东西的声音。每当这个时候，君君总是把头蒙在被子里，枕头都不知道被君君的泪水打湿了多少次。

就这样，君君吃不好，睡不好，白天总是无精打采的，上课犯困，放学吓得不敢回家，他非常不想听到爸爸妈妈吵架的声音。终于有一天，君君实在受不了了，只好离家出走。

父母关系不和谐，实际是家长对孩子实施的第一种精神虐待。由于孩子年龄小，不了解导致父母吵架的真正原因是什么，而只能从自我的角度认为自己是引起父母吵架的根源，从而形成一种深重的罪孽感和内疚感。同时，他们又担心父母大吵大闹的结果是抛弃自己，因而产生强烈的、难以名状的恐惧感。这种负面情感，对孩子会造成很深的精神创伤，严重的还会造成心理障碍。

据《工人日报》报道，在父母经常吵架的家庭中，孩子的心理问题检出率为31.68%，离婚家庭为30.30%，和睦家庭为18.88%。"有些家长口口声声说为了孩子才不离婚，却终日'硝烟'不断，殊不知这种行为带给孩子的伤害更难消除。"主持此项调查的哈尔滨医科大学医学心理学教授王丽敏说，经常面对家庭"战火"的孩子，容易陷入人际交往障碍，焦虑、多疑，对未来生活缺乏信心，尤其易对婚姻产生恐惧感。

另外，父母关系不和谐，还会造成孩子厌恶自己的家，觉得家庭并不是他们避风的港湾，所以也不愿意回家。严重一些的会有早恋的不良现象发生，因为他们在家找不到安全感和爱，所以他们就到其他人身上去找，一旦遇到一个关心他们的人，他们就会很快坠入情网，就算他们不懂得爱情，但是他们喜欢接近对他们好的人，而不是整天不顾他们的感受吵吵嚷嚷的人。

很多家长可能都没有意识到，孩子不仅仅需要父母的爱，也需要父母相爱以及一个和谐的家庭环境。因此，父母保持家庭稳定，减少冲突，不要大吵大闹，是保证孩子心理健康所必须做到的，也是培养孩子的情感专注力所必不可少的。

1. 夫妻双方都要懂得忍让

夫妻间如果有矛盾需要解决，应该考虑孩子的心理感受，尽量控制情绪，不要随意发泄。退一步讲，如果非吵不可，也应避开孩子换个环境，

第1讲 这才是家教
——你的样子，就是孩子的样子

或让孩子暂时离开。

2．心平气和地讨论双方之间的矛盾

父母可以让孩子知道你们之间的矛盾，甚至还可以让孩子参与进来讨论，听听他是怎么说的，不管孩子说得对与错，都不要争得面红耳赤。

3．不要拿孩子说事

有的父母喜欢在争吵时说："要不是为了孩子，早就跟你离婚了。"这话如果让孩子听到了，他就会误认为父母的争吵是因为自己引起的，会因此产生内疚。父母一定要就事论事，不要把孩子扯进来。

※ 智杰点津：家庭教育必须保持同步

《红楼梦》"不肖种种大承笞挞"一回中，贾政为了教育宝玉，决定对其实施"笞挞"，听到消息的王夫人急忙赶来阻拦，威胁道："既要勒死他，快拿绳子来勒死我，再勒死他。"这样的情景即使在今天也不少见，中国的父母在教育方式上自古便存在分歧，常是一个要管，另一个则要护，而这种教养方式埋下的隐患也随之诞生。

有个孩子今年9岁，由于平时父母工作繁忙，无暇照顾他，就将孩子送到了省城最好的封闭学校小学部上学。这个孩子着实不让父母省心，根本在学校里就待不住，常常偷偷爬出校门给爸妈打电话，今天说脑袋疼，明天又是肚子疼，偏偏孩子的妈妈特别宠着他，只要孩子一说不舒服就不顾一切地从几十里外的县城赶过来，结果来了之后才发现孩子根本什么事也没有。父亲因此生了不少气，可每次想教训一下孩子时，做母亲的就不顾一切地上前阻拦，于是每次的教育都不了了之。这孩子也算把母亲看透了，于是不管白天还是晚上，一次次地往家打电话。一天，这对夫妇刚刚看完新闻联播，又接到了儿子的电话，说他胃疼，做母亲的又急了，就要披星戴月地赶去省城，硬生生地被孩子父亲给拦了下来，孩子母亲便开始痛哭流涕。后来，还是托省城的朋友把孩子接了过去，孩子妈妈才安静下来。

还有一位家长，他的孩子从小学四年级开始就管不了了。这个小男孩长得好看，又聪明伶俐，可就是不爱写作业。每次爸爸刚说孩子两句，妈妈就已经泪儿腮边挂，气得爸爸直摇头叹息。也是因为不能完成作业，老师将孩子的妈妈叫到了学校，刚刚在她面前批评孩子两句，这位妈妈又抽泣起来，这样几次之后，吓得老师再也不敢叫家长了。所以孩子的坏毛病越演越烈。现在，这个孩子在家里已经无法无天了，天老大，接下来就是他了。某天，这位家长自嘲地拿来孩子的家庭作业给朋友展示，皱皱巴巴的本子上寥寥写了几道题，高兴就戳上几个字，不高兴的地方就空着，然后在每篇作业的下端，是他妈妈潇洒地检查作业之后的签名，老师对此也无可奈何。一个原本聪明可爱的孩子，就这样成为让人头疼的问题生。

人从小就具有自我保护的本能，懂得"趋利避害"。当孩子犯了错，父母中一方责罚他们时，孩子会本能地寻找庇护。此时如果另一方站出来跟爱人"唱对台戏"，恰恰中了孩子的下怀。久而久之，孩子就会形成惯性思维——总会有人来帮我，即便我做错了。父母对待孩子的立场分歧，容易让他们变得遇事就依赖别人，喜欢逃避，甚至养成回避性人格。

事实上，不少父母都在这个节骨眼上犯了错误。譬如，妈妈在教育或责备时，爸爸站出来替孩子说话；或者是在爸爸责备孩子时，妈妈站出来替儿子鸣不平。这样的例子在生活中还有很多很多。譬如：

孩子吃了晚饭坐在电视机前不肯起身，妈妈便催促孩子去做功课：

第1讲 这才是家教
——你的样子，就是孩子的样子

"不要再看电视了，该去做功课了。做完了好睡觉。"孩子不起身："我看完再去！"妈妈坚持说："看完这个节目，就很晚了，还能做什么功课！快去，听话！"儿子正在犹豫，这时，爸爸却在一旁调和："让他看完算了！"儿子当然也就不起身了。结果功课也就不要做了。

在花钱上也常出现这种不一致的现象。孩子跟妈妈要钱买新运动鞋，妈妈认为旧的没有破，可以穿，不必买，因而不给钱。孩子又去找爸爸，爸爸经不起他的纠缠便给了。

这是两个常见的例子，夫妻虽然没有争吵，但是给孩子的不良影响却是一样的。这使爸爸（或妈妈）在孩子的心目中没有了威信，孩子有了依仗，可以不听爸爸（或妈妈）的话，助长了孩子的任性和娇气。而且，这样会使得孩子无所适从，更重要的是助长了孩子不听话的表现。因为既然爸爸认为妈妈的责备不对，或者反过来，妈妈认为爸爸的责备是不对的，那么孩子当然可以不必听了，因而孩子的错误或不良习惯也就得不到纠正，而且会对父母的意见和责备都置若罔闻。

有时，孩子还会利用父母的意见分歧来操纵父母，他们甚至可能用挑拨离间来脱身。比方说，爸爸对儿子的功课要求非常严格，但妈妈觉得丈夫给了孩子太多压力。想象一下这个场景：

做功课时，孩子说他"英语很烂"，并抱怨老师教得不好。这时爸爸批评他，要求他端正态度，认真学习，提高英语成绩。孩子没有理会而是去找妈妈帮忙。这时妈妈跳了出来，说："你还想他怎样，他已经做得不错了！"爸爸反驳："如果他做得好，他就不该抱怨老师，他应该有更好的成绩。"现在矛盾转移了——爸爸妈妈开始针锋相对。妈妈立马回应："是你对他的要求太高了，所以他才会这样，你过分严厉了，对他太苛刻了！"而这个时候，孩子却躲一边看电视或上网打游戏去了，而不是在做他应该做的功课。这种情况就是焦点摆错了地方。孩子惹出争论以后，他开始逃避应守的纪律，而且没有被追究责任。此外，夫妻针锋相对造成的紧张气氛，往往导致孩子更加冲动。如果父母更专注互相争斗而忽略了让孩子为自己的行为负责，那么他们是不会进步的。

所以在教育孩子时，爸爸一定要与妈妈达成一致，任何一方在教育孩子时，另一方都不应该出面袒护，即使爸爸或妈妈责备得不对，也不要当着孩子的面纠正，甚至是争吵。这样既会损害对方在孩子心目中的威信，使对方日后无法再对孩子进行教育，也会伤害母子或父子感情。

那么在具体问题上出现不同的看法，爸爸妈妈应该怎样处理呢？正确的方法应该是在一方责备孩子之后，当孩子不在面前的时候，另一方再提出自己的看法，与对方讨论，以取得一致的看法，避免日后重蹈覆辙。

在适当的情况下，做父母的也可以一个唱红脸一个唱白脸，在批评过后，其中一个假装出面为孩子求情，给孩子一个台阶，既让孩子知道父母的严厉，也让他知道父母对他的宽容，这样，孩子才不会在犯了错误之后，因为父母一方的偏袒而对自己的缺点死不悔改。

当然，孩子毕竟是孩子，总是在不断犯错、不断改正中慢慢懂事、慢慢长大，所以做父母的应该有足够的耐心和宽容，让孩子在成长的道路上，在曲折的旅途中，在父母严中有慈的爱的陪伴下，走向他人生中的一个个成功的终点。

第2讲　也许你不会爱孩子
——用对的方式，给孩子最好的爱

※ 爱，不是一厢情愿地为他着想；

※ 你自以为是的爱，对孩子来说也许是一种伤害；

※ 如果你真的爱孩子，请将这份爱以正确的方式打开。

骂孩子是很低级的教育

毫无疑问，天下的父母都十分爱自己的孩子，他们都希望自己的孩子是最聪明、最勇敢、最完美无缺的人。然而，这是不可能的，孩子们由于缺少自控能力，往往会有许多缺点：淘气、不听话、不爱学习、不讲卫生、说谎……于是一些父母就觉得很失望，责罚孩子，严厉地教导孩子，希望他们能很快改正缺点，结果他们更失望了，孩子越管反而越糟糕。这些家长都是很负责的父母，只不过他们用错了教育方法。

一位家长沮丧地找到儿子的老师："老师，您帮我好好管管小东吧！他怎么这么不争气啊！说谎、逃课、不听话，从来就没见过这么坏的孩子！这样下去我还有什么指望啊？！"老师惊讶地看着这位家长："你就是这样看待小东的吗？"老师随手拿起一张被墨水涂脏了一块的白纸，"你看到了什么？""什么？"家长不明所以地回答，"不就是一块墨点吗？"老师笑了，说道："为什么你就只看见了墨点没看见这张白纸呢？脏了的只是一小块，其他的地方还是雪白的，孩子更愿意接受奖励式的教育的呀！你眼中的小东说谎、不听话，这是他的缺点，可他还有更多的优点呢！他善良、聪明、会画画、动手能力强、热心……"家长笑了："我可真是个粗心的父亲啊！竟然忽略了孩子的优点，谢谢您，老师！"

生活中，很多父母总是盯着孩子的缺点和错误不放，就如同只看到墨

第2讲 也许你不会爱孩子
——用对的方式，给孩子最好的爱

点而看不到大张的白纸，这种情形对教育孩子是极为不利的。因为家长只看到缺点，就会不停地斥责孩子，责令孩子改正。而儿童心理学家告诉我们，孩子是越骂越糟，越夸越好的。

一个孩子在奶奶家和父母家判若两人。

每次在奶奶家，奶奶都对他赞不绝口："这么好的小孩子真是难得，小小年纪就懂得礼貌，还知道吃东西的时候要分一份给奶奶！而且呀，我的宝贝孙子都知道帮奶奶干活了。真了不起，奶奶要做你最喜欢吃的鸡蛋糕奖励你！"

可回到自己家里却是另一番景象了。

一进门，妈妈就开始数落："像你这么调皮的孩子真是天下难找，要多捣蛋有多捣蛋，看衣服脏的，多么讨厌啊。"

爸爸也跟着骂他："一天游手好闲，不爱学习，什么也不知道做，我怎么会有你这个没出息的孩子！"

再看看孩子，帽子歪戴着，鼻涕也不擦，一副毫不在乎的样子。

什么原因？

奶奶总夸他的优点，于是，越夸越好，在奶奶家，他就是好孩子；父母总是训斥他的缺点，于是，越骂越糟，在自己家里，他就是坏孩子。

儿童心理学家经过千百次的实验与观察发现：小孩子总是在无意识中按大人的评价调整自己的行为，以达到父母奖励，或者抱怨中屡次提到的"期望"。因此家长们应掌握赏善的策略，不要只顾批评孩子的缺点，而是要反过来多对孩子的优点进行奖赏，这样，孩子就会在不知不觉中改正缺点，成为父母所期望的样子。

每个孩子身上都有了不起的地方，都有闪光点。作为父母，应该抓住这些闪光点，通过鼓励，使它成为孩子进步的启动点，用这小小的星星之火，点亮孩子智慧的火炬。每个孩子都能迸发出点亮智慧火炬的火花，认真对待每一颗心灵迸发出的火花，抓住它，强化它，也就是说，努力去发现、鼓励、扩大孩子的每一个优点，把每一个优点都当作潜在的启动点。

就算为他好，也别总斥责

父母过多的斥责、严厉的管束不但会束缚孩子的主动性，还会扼杀孩子心灵的创造精神。

有一位很好的中学教师。她管教的学生遵纪守法，学科成绩好。她在家中对子女的要求也甚严。孩子在家不大叫大吼，吃饭时不许说话，坐在椅子上背必须挺直，家规一套又一套。孩子不留神，稍有过失，她就斥责。由于她长年的这种模式般的训练，孩子虽然是变得听话了，对人也彬彬有礼了，但却也变得拘谨、怕事、被动。

有一天，她因学校里举行观摩教学，中午未能回家。孩子中午放学回来，就坐在沙发上等母亲。整整一个中午母亲没有回来，他们也就饿了一个中午。下午放学回来，母亲问他们中午吃了什么，他们说没有吃什么。母亲问那个12岁的姐姐，冰箱里有速食面，为什么不取出来泡了吃。

两姐弟却说："你没有讲呀！"

同样的情形，有一次那位教师在做菜，发现酱油瓶里没有酱油。而家

第2讲　也许你不会爱孩子
——用对的方式，给孩子最好的爱

里又适逢有客，菜不能马虎，于是她只得叫她的女儿上街去买酱油。不巧，那天杂货铺盘点，关了门，只在门前摆了一个小摊。小摊上没有瓶装酱油，只有塑料袋包装的，半斤一袋、一斤一袋的均有。女孩由于母亲没有吩咐可以买袋装酱油，不敢买，结果空了手回去。

这些学生之所以在多彩的生活面前显得这样无能，主要是因为他们在家中常遭父母的斥责，父母管得过严，而形成了怕事的被动习惯。

这些孩子只知道听从大人的吩咐，自己从没有主见，也不敢有自己的见解和要求。他们既没有自己独立的思考能力，也没有自己的判断力，当然也就更谈不上有什么创造性了。

斥责是父母在孩子出现不当行为时常用的一种方法，不恰当的斥责，往往会给孩子的发展带来负面影响。主要表现在：

1. 影响孩子独立性的发展

在父母看来，斥责孩子是为了管教孩子，而管教孩子就是为了让孩子听话，因此经常强迫孩子照父母的话去做，否则就开始声讨。这很容易使孩子变得被动、依赖，遇事只会等待大人的指令，不敢自行做出判断，唯恐做错事情遭到斥责，这不仅会影响孩子独立性的发展，对孩子思维能力和创造力的培养也极其不利。

2. 伤害孩子自尊心

斥责的语言往往会伤害孩子的自尊心。在父母一次次的斥责声中，孩子会渐渐习惯这些词语，从而变得麻木不仁，缺乏自尊心。这正如有人指出的："那些被认为没有自尊心的孩子，是外界没有给他们提供使自尊心理健康发展的良好环境。他们的自尊心是残缺的、病态的，他们是斥责教育的受害者。"

3. 削弱孩子自我教育的能力

从表面看，遭到斥责的孩子很快表示服从，似乎问题得到了解决。但事实上，孩子考虑的只是斥责给自己带来的痛苦体验，而对自己的过错行为本身却很少自我反思，因此斥责反而会削弱孩子自我教育的能力。

最糟糕的一点是，不恰当的斥责还可能使孩子变坏。前面已谈到，管教过严，或过多的斥责可能引起子女的反感，甚至憎恨。那是危险和可悲的。但是另外还有一种危险，那就是孩子对斥责置之不理，表现在口头上不反抗，内心不服。你越骂我越要做；你越不喜欢，我越要做。

为了避免斥责带来的负面效应，父母要尽量少用斥责，确有必要进行斥责时应注意以下3点：

1. 尊重孩子的人格

大人往往觉得孩子小，什么都不懂，殊不知孩子是正在成长中的人，他们对周围的人和事会有自己的认知方式和情感倾向，也需要别人的理解和信任。我们只有尊重孩子，用科学民主的方法对待他们，才能把他们培养成有高度自尊心和责任感的人。因此，斥责孩子时一定要注意场合和分寸，切莫在大庭广众之下训斥孩子，也不要说粗鲁、讥讽孩子的话。

2. 让孩子知道自己为什么受斥责

由于孩子年龄小，知识经验少，能力有限，因此常常会惹出这样那样的事端来，父母应实事求是地加以评价，讲讲道理，同时应帮助孩子分析原因，引导他自我反省。

3. 告诉孩子正确的做法

斥责本身只是一种教育手段，而不是教育的目的，教育的目的是使孩

第2讲 也许你不会爱孩子
——用对的方式，给孩子最好的爱

子今后不再犯同样的错误。因此，父母在斥责孩子的同时还要耐心地教给孩子做事的方法。最好是暗示，让孩子自己去思考，去判断，通过自己的努力加以改进。

赶快放下你手中的破棍子

在中国人的心目中，"黄荆棍下出好人"的古训几乎成了一条真理。其实，这是一条很不好的古训。研究证明，对孩子采用暴力是一种很不好的方法，对孩子的身心都会造成很大的危害。聪明的父母必须学会循循善诱，让孩子高高兴兴地按父母的愿望办事。

近两年来，地方的报纸报道过几起父母打伤亲生子女的事件。这种事件到处都有。事情的起因都非常简单，就是孩子不听话，不好好读书，引起了父母的恼怒。通常开始是骂，骂了，孩子不听，仍然不认真读书，喜欢在外面玩耍，于是父母就动手用棍子打。当然开始也还只是小打，因为又有哪一个父母不疼爱自己的子女呢？他们之所以督促孩子读书，骂孩子不读书，无非是想孩子"成龙"。当然"成龙"这只是一个形象的比喻而已，并不是每个父母都敢于奢望自己的孩子成龙。说实话，大多数的父母，也不过是望子多读一点书，成为一个有用的人。

孩子年幼，父母亲有时候过分相信打骂可以使孩子用功读书或成绩进步，这是相当可笑的想法，应该适时引导孩子对读书产生兴趣，并教导他们树立正确的社会价值规范。以人为本的教育才是现代年轻父母所应保持的理念，因为"打"并不能使孩子明了父母的用心，只会在幼小的心灵上制造不可磨灭的伤痕。

既然只是为了教训孩子，使他有些惧怕，那么即使打也不宜多打。打两三下，作为警告也就够了，这也就是我们常讲的响鼓不用重锤。反之，打多了，打惯了，把一个孩子打皮了。那么，孩子对打也就不会有所惧怕了。一旦一个孩子对打失去了惧怕，那就最好就此住手，另想他法。如果做父母的仍执迷不悟，认为打一定可以解决问题——不信你不怕打，那么就会越打越重，越打越厉害。

其实，父母打孩子往往是出于一时冲动，大多没有经过深思熟虑，但却会造成不可弥补的严重后果——使孩子产生不良的心态和心理偏差。如孩子说谎，正是因为有的父母一旦发现孩子做错事就打，孩子为了避免"皮肉之苦"，瞒得过就瞒，骗得过就骗，骗过一次，就可以减少一次"灾难"。可是孩子说谎往往站不住脚，易被父母发现。为了惩罚孩子说谎，父母态度更加强硬；而为了逃避挨打，孩子下一次做错事更要说谎，这样就构成了说谎的"恶性循环"。

还有些孩子，因为经常挨父母的拳打脚踢，时间一久，一见到父母就会感到害怕，不敢接近。因此，不管父母要他做什么，也不管父母的话是对是错，他都只是乖乖服从。在这种不良的"绝对服从"的环境下成长的孩子，常常容易自卑、懦弱。这种孩子往往会唯命是从、精神压抑、学习被动。

孤僻而且经常挨打的孩子会感到孤独无援，尤其是父母当众打孩子，会使孩子的自尊心受到伤害，往往会怀疑自己的能力，会自感"低人一等"，显得比较压抑、沉默，认为老师和小朋友都看不起自己而抬不起头来。于是这种孩子往往不愿意与父母和老师交流，不愿意和小朋友一起玩儿，性格上显得孤僻固执。

有的父母动不动就打孩子，伤害孩子的自尊心，使他们产生对立情绪、逆反心理，于是，有的孩子用故意捣乱来表示反抗。你要东，他偏要西，存心让父母生气。有的孩子父母越打越不认错，犟劲越大，常常用离家出走、逃学来与父母对抗，变得越来越固执。

很多事实证明，打骂是起不到良好的教育作用的。虽然孩子受到了"皮肉之苦"的惩罚，但是并没有找到自己犯错误的原因，也不知道今后如何改正，这就无形中剥夺了孩子承认错误和改正错误的机会。研究表明，体罚常常会加剧孩子的抵触情绪，加深父母子女之间的隔阂，真是得不偿失。

总之，为了规范孩子的行为，父母不要向孩子发火，或者体罚孩子。因为这样既不可能教会孩子如何控制自己的冲动行为，而且很可能由于父母的自我失控令孩子感到恐惧，这是适得其反的。

慈父慈母，未必就是好父母

中国自古以来就有"慈母多败儿"的说法，所谓"慈母"，指的是一种过分的母爱，也就是教育家所说的溺爱。从字面上看，溺爱的"溺"字有淹没之意，这也表示，过分地疼爱孩子等于淹没了他们。古人云："虽曰爱之，其实害之；虽曰爱之，其实仇之。"这是对"溺爱"一词最好的注解。人世间的种种感情，没有比得上父母之爱的。但是只有爱，不见得就能教好孩子。

有这样一幅漫画：

一个小男孩在客厅看电视，玩玩具吹着空调，而他的爸爸、妈妈在厨房正忙着给他做饭，热得满头大汗。开饭了，孩子的动画片还没有看完，妈妈便把饭菜端到客厅，妈妈负责喂小男孩，爸爸则负责哄小男孩吃饭。动画片演完了，小男孩却不想吃饭，于是爸爸开始做各种滑稽表演，终于，小男孩笑了，妈妈这才喂上一口。

你知道运用什么方法，一定可以使你的孩子成为不幸的人吗？这个方法就是对他百依百顺。真想问问漫画中的爸爸、妈妈，你们不累吗？这样的爸爸妈妈应该及时警醒了，因为你们这样做会把孩子推入深渊的。

还有一条新闻：一个大学生，每次吃鸡蛋，都是母亲剥完壳他才吃。有一次在学校食堂吃饭，一个鸡蛋他没剥蛋壳就吃了，还说："这个鸡蛋怎么和家里的不一样呢？"看了这条新闻，人们都会笑他太笨，可这就是溺爱造成的恶果。

生活中，很多父母总喜欢给自己的孩子无微不至的呵护，把孩子的事情都包办下来，一一为孩子做好。这些父母似乎不知道，我们教育孩子的最终目标是要让孩子能够适应他自己未来的生活。因此，日常生活中应当教导他们学会独立地生活，而不要总觉得他们这也不会那也不行。

在教育学中流传着这样一则寓言：

天鹅每年冬天都要从北方飞到南方，可是，一些北方人因为喜欢天鹅，经常为它们提供食物。于是，一些天鹅因贪恋这些食物便留在了北

第2讲 也许你不会爱孩子
——用对的方式，给孩子最好的爱

方，并渐渐被驯化成了家鹅，连飞也飞不起来了。因此，人们只要停止提供食物，它们就只有死路一条。而那些每年不辞辛苦坚持飞往南方的天鹅呢？它们活得很好，并且越飞越高。

这个故事其实就是对溺爱现象的一种警告，咱们中国的父母，尤其是做母亲的，总是把孩子当掌上明珠，从来不让孩子扫一回地，洗一次碗，真是应了那句话"捧在手心里怕碎了，含在嘴里怕化了"。这样的父母是慈父、慈母，这一点毫无疑问，但却不是一个"好爸爸""好妈妈"。他们过多保护、过分呵护只会阻碍孩子的发展，让孩子无法自立自理。孩子终究要独立生活的，为了让孩子能顺利地适应他未来的生活，父母们有必要大胆地让他们自己去照顾自己，不要让他们永远生活在自己的呵护里。

训练孩子的独立能力，家长们可以教导孩子从一些简单的工作着手，例如，早晨起床自己穿衣、洗漱，等等。这些不仅是日常生活的步骤而已，它更能训练孩子自动地管理自己的行为，培养孩子的自立精神。

大人既要放手让孩子自己走出去，又要保证我们的孩子能够"安全出行"。一方面需要爸爸妈妈对孩子进行严格的训练，另一方面却不是"三分钟热情"能够解决的。比如，培养孩子一些简单的日常生活习惯，刚开始家长和孩子都会很热心地按计划实行，但是时间一久，一些家长就不耐烦了，这种对孩子缺乏长久性和一贯性的培养，反而会在孩子的性格中留下很多负面影响。

与父母过分的叮嘱和过分的呵护截然不同的教育方式是重视培养孩子的自理能力和自强精神。发达国家中的父母们，在教孩子独立自强这方面所取得的成功，尤其值得我们好好地研究与借鉴。

举例来说，在美国，家庭教育是以培养孩子富有独立精神，能够成为一个自食其力的人为出发点的。美国的学生有句口号:"要花钱自己赚!"无论家里多么富有,孩子一般12岁以后就要分担家里的割草、粉刷房屋、简单木工修理等活计。此外,还要外出当杂工,如夏天替人修整草坪,冬天帮别人铲雪,秋天帮人扫落叶等。

在富足的瑞士,父母为了不让孩子成为无能之辈,从小就着力培养孩子自食其力的精神。譬如,一个十六七岁的女孩子,从初中一毕业就去一家有教养的人家当一年左右的女用人,上午劳动,下午上学。这样做在中国父母看来似乎难以理解,但瑞士父母却认为大有好处。这样做一方面可以锻炼孩子的劳动能力,让孩子寻求到独立的谋生之道,另一方面还有利于学习语言。因为瑞士有讲德语的地区,也有讲法语的地区,所以一种语言地区的姑娘通常到另外一种语言地区的人家当用人。其中也有相当多的人还要到英国学习英语,办法同样是边当用人边学习语言。等其熟练掌握了3门语言后,就去公司、银行或商店求职。长期依靠父母过寄生生活的人,被认为是没有出息或可耻的。

德国父母从小就培养孩子自己的事情自己做,从不包办代替。法律甚至还规定,孩子到14岁就要在家里承担一些义务,比如为家人打扫房间等。这样做,不仅是为了培养孩子的劳动能力,而且有利于培养孩子的社会义务感。

在日本,在孩子很小的时候,就给他们灌输一种思想:"不给别人添麻烦。"并在日常生活中注重培养孩子的自理能力和自强精神。全家人外出旅行,不论多么小的孩子,都要无一例外地背一个小背包。父母说:"这是他们自己的东西,应该自己来背。"而在中国却常常是父母帮孩子背书包。上学以后,许多学生都要在课余时间在外边参加劳动挣钱。大学生中勤工俭学的现象非常普遍,就连有钱人家的子弟也不例外。他们靠在饭店端盘子、洗

第2讲 也许你不会爱孩子
——用对的方式，给孩子最好的爱

碗，在商店售货，照顾老人，做家庭教师等挣得自己的学费。

比较一下中国父母"孩子太小，只能由我照顾"的教育方式，不知爸爸妈妈们做何感想呢？家长们都应该明白，你们是无法照顾孩子一辈子的。

真正疼爱孩子的好爸爸、好妈妈，应该关注的是孩子将来是否能自己应付外面的世界。将一个在父母庇护下，毫无自我生存能力的青年推入未来的社会是最为残忍的事，也是爱孩子的父母不忍看到的结局。想使孩子能成功地走入外面的世界，必须从小开始培养自立与自信。如果我们替孩子做所有的事，便不能达到这一目的。在这样的抚养下成长起来的青年，外表人高马大，内心却是畏畏缩缩，缺乏勇气。这样做使他丧失了自信和勇气，也使他感到不安全，因为安全感是建立在能够用自己的能力去应付处理问题的基础上。我们这种自以为无私的行为，剥夺了孩子发展自己能力的权利，但这恰恰是孩子成长最珍贵的要素。

家长们要记住，但凡孩子能独立完成的事就不要替他去做，就好像要让孩子学会走路，你得先放开手一样，当然，一旦决定"放手"了，就要坚持下去，不要看到孩子做不好事情就又去插手。

你越护孩子，越是害孩子

任何孩子都不可能永远在父母的羽翼下成长。他们若不能够独立自主，那么必定会被生活淘汰，被社会淘汰。孩子是未来家庭的支柱，未来社会的支柱，我们必须让他们独立起来，让他们成为社会的主人。

翠鸟为了避免灾祸，往往把窝筑在树的高处。

可是有一个翠鸟妈妈在孵出小鸟之后，怕小鸟从高处的窝里掉下来摔死，于是把窝向下移。等小翠鸟长出羽毛能够学习飞翔的时候，这个翠鸟妈妈没有教给小翠鸟飞翔的本领，让它自己去觅食，而是更加喜爱它，越发怕小鸟摔死，又一次向下移动鸟窝，直到鸟窝移动到离地面很近的树杈上时，它才完全放心。

然而，当路过树下的行人发现小翠鸟时，稍一举手便轻而易举地把小翠鸟掏走了。

翠鸟移窝，原本是为了爱护小鸟，让它健康地成长，然而它却给小翠鸟带来了始料不及的灭顶之灾。症结就在于翠鸟妈妈不给小翠鸟独立的机会，这和现在好多溺爱孩子的父母非常相像。所不同的是生活在父母溺爱的环境下却不能独立的孩子，要比这只小翠鸟可怜得多，因为那只翠鸟只是被人抓走尚且还有人喂食，而脱离了父母羽翼不能独立的孩子，则是没有人"喂食"的。

与翠鸟爱子相反，母燕对雏燕的教育方式颇值得我们人类学习。当雏燕羽毛渐丰时，母燕就要呢呢喃喃，鼓励雏燕飞出窝来，并教它们展翅飞翔，决不让它们贪恋小窝的温暖。一天，两天，在母燕的扶持下，雏燕的胆子大了，翅膀坚实了，渐渐地低飞、高飞、掠水，终于能愉快地翱翔于一碧无垠的天空，经得起风吹雨淋，具备了独立走南闯北的本领。

母燕之所以不让孩子永远处在父母的羽翼之下，而要教育它们具有冲霄高飞的意志和力量，这是大自然对它们提出的生存要求。母燕的爱是建立在帮助下一代提高对环境的适应能力和与困难抗争的本领上，它着眼于将来，而非顺应、迁就，这正是母燕比翠鸟妈妈聪明之处。

第2讲　也许你不会爱孩子
——用对的方式，给孩子最好的爱

我们爱孩子，也应考虑到社会、时代和未来对人类提出的要求，教会孩子懂得怎样迈出生活的第一步，使他们独立的步子更稳健，在艰难险阻中不断进步和完善。

某个周日，小强要爸爸陪自己去书店买两本学奥数的书，可是爸爸却想让他自己去买以培养他的独立意识，于是告诉他书店离家没多远，骑车子去就可以了。妈妈也赞同爸爸的意见，向小强投来了鼓励的目光。

在爸爸、妈妈的鼓励下，小强穿好衣服关上门走了。路上车多，爸爸担心小强会出什么事情，担心车子丢了……后来，小强安全地回来了，而且说有本书这个书店没有，就去隔壁的书店买到了。

小强回来的那一瞬间，父母两人交换了一下会心的眼神——儿子长大了。

在生活中对孩子适当放手，给孩子独立处理事情的空间，就能够使孩子早日成为生活的主人。人生有很长的路程要走，父母不可能照顾孩子的一生，请给孩子们独立的天空，让他们自己去做生活的主人。

培养孩子独立自主的能力，家长可以按如下方法去做：

1. 给孩子充分的活动自由

孩子的独立自主性是在独立活动中产生和发展的，要培养独立自主的孩子，就应该为他提供独立思考和独立解决问题的机会。

2. 对孩子循序渐进地培养

独立自主性的培养是一个长期的过程，需要循序渐进地进行。切不可急于求成，不能对孩子的发展提出过高的、不合理的要求，也不能因为孩子一时没有达到要求就横加斥责。

3. 父母要把握住关键期

两岁左右的孩子，独立意识逐渐增强，什么事都要坚持自己做，拒绝别人的帮助。这是孩子心理发展的第一个"执拗期"。家长正好可以因势利导,把握孩子这个时期的心理特点,在保证孩子安全的前提下,放手让孩子去做力所能及的事情,并适时地提供给他适当的帮助、指导和赞美,让孩子享受到成功的快乐。

4. 父母要做一个好榜样

榜样的力量是无穷的。如果父母就是处处依赖他人,对什么事都拿不定主意、动不动就寻求帮助的人,孩子也会效仿的。所以,父母要从自身做起。

培根说:"子女中那种得不到遗产继承权的幼子,常常会通过自身奋斗获得好的发展。而坐享其成者,却很少能成大业。"我们应给孩子独立的空间,任凭他自己装点;给孩子自主的选择,他的事情听他的。

大把给钱,易将孩子未来买断

一个小笑话说:一位身穿毛皮衣服的妇女,推着坐在轮椅中的孩子招摇过市。"孩子都这么大了,还不会走吗?"行人关切地问道。"当然会了,"这位妈妈神气活现地说道,"但真的感谢上帝,我这个幸福的孩子不必自己走路。"

这则小笑话让人更多地感到悲哀而非好笑,给那些认为自己应该给孩子提供一种"无忧无虑"的生活的家长们传递了一种批评信息。那些

第2讲 也许你不会爱孩子
——用对的方式，给孩子最好的爱

家长们时常会为自己娇惯的做法辩解说："我们只是想让孩子生活得幸福些。""孩子现在年龄还小，不能让他吃苦。"家长们应该知道，为孩子们做得太多，而不让孩子们懂得劳动的意义与金钱的价值，实际上对孩子的成长非常有害。

曾有报载一名初一学生，因大便时没带手纸，于是当着好几个同学的面，从自己的皮夹内接连抽出4张100元面额的人民币，擦完屁股后往地上一扔，然后头也不回地走出了厕所。

不知道这位学生的家长会如何看待自己孩子的行为，那些因交不起学费而辍学的孩子及其父母看到这则报道又会做何感想。现在的孩子像这样不懂得珍惜金钱的不在少数，出现这种状况，是社会不良风气影响的结果，也是家长溺爱的结果。我们很难想象，这样的孩子以后能否经得起人生道路上的风风雨雨，能否很好地应对现代社会的各种挑战，做一个对社会有益的人。这也进一步说明，现在的孩子多么需要塑造一个健康的金钱观。

在人民生活水平不断提高的当下，有些地方有的家长正滋长着一股摆阔风，特别是宠着孩子，让孩子也摆阔。孩子的摆阔行为体现在各个方面，尤其是在大手大脚花钱和浪费上。如果孩子一旦养成了摆阔的习惯，那么这将影响他的一生和他真诚待人的性格。

近年来，有关部门曾对北京、上海、广州、成都和西安五大城市的儿童消费做过调查，这5个大城市每年购买进口儿童消费品约达100亿人民币。武汉有所大学统计，即使在消费水平偏低的农村籍学生中，有的学生每月用于烟酒的开支可占伙食费的25%。还有这样的报道：有一群赴日观光的中国孩子，其出手阔绰的消费让商场里的日本人瞠目结舌。这种情况让人忧虑，更发人深省，这和我国父母的教育方式是密不可分的。

可能有的父母会说："家里都是一个孩子，谁不希望自己的孩子过得好一点，多带一点零花钱也是自然现象。"这话有一定道理，如果孩子身上一点零花钱都没有，如果在外边真遇到需要花钱的时候，的确让孩子很为难。但是，假如父母只知道给孩子钱，而不去引导孩子的金钱观，不去引导孩子如何花钱，那问题就出来了。特别是那些攥着比别的同学多的零花钱的孩子，难免产生摆阔、攀比的心理。

曾经在江苏省有个由多名富家子女参加的名叫"暑期赴加拿大学习旅行夏令营"的活动，在加拿大旅行活动近20天，每天每人费用近1500元，竟然还有家长投诉"夏令营吃得很糟"，以致一个孩子在食品店让自己花掉1700美元。

这些触目惊心的数字是不是该让一些做父母的有所惊醒呢？这样的孩子如果长大了，将怎样养成吃苦耐劳的精神和拼搏进取的意志呢？又如何应对将来激烈复杂的社会竞争呢？如果一直让孩子奢华成性，而当他们的欲望得不到满足时，他们又会怎样呢？近年来，青少年的犯罪比例直线上升，究其背后的原因有一部分就是为了摆阔，在同龄人面前有面子，而忘记了用自己的真诚来交友和待人。

而且，孩子摆不好正确的价值观，很大程度上是父母的教育不妥。有些孩子老爱在金钱方面吹嘘，也就是说大话、夸口。而他们的父母觉得孩子的吹牛好玩，甚至说是有抱负，志向远大；还有的认为孩子从小爱吹牛，无须大惊小怪。偶尔一两次吹牛，的确不必在意，倘若形成了爱吹牛的习惯，那么就不能等闲视之了。吹嘘其实是孩子虚荣心最典型的表现形式，如果任其发展下去，很可能影响孩子正直和真诚的性格的养成。

所以，父母应当明白，让孩子知道金钱的重要性，更要塑造孩子健康的金钱观，了解金钱的严肃性，树立正确的金钱价值观。

第2讲 也许你不会爱孩子
——用对的方式，给孩子最好的爱

孩子们需要亲身实践，方可懂得怎样才能挣到钱，以及如何精明地花钱。如果你不让孩子懂得这些道理，那么你实际上就等于剥夺了他们在人生道路上取得成功所需要的自立能力。如果你能够让孩子及早树立正确的价值观及劳动观，你无疑是赠给了孩子一件珍贵礼物：一把自给自足的金钥匙。

要想让孩子摆正态度，树立正确的价值观，父母首先就应该让他认识到最直观的价值——钱，所蕴含的真正意义。

1．让孩子了解钱的实际价值

在现实生活中，有许多孩子不懂得挣钱的艰辛，没有钱的价值的概念。在他们的认知上，往往只知道用钱买自己所需要的东西，而这个数额的钱在社会生活的其他方面还可以派多大的用场则全然不知。所以以自我为中心考虑问题，花钱大手大脚不可避免。因此，爸爸妈妈应该让孩子了解一下钱的实际价值。

2．教孩子"人穷志不穷"

贫穷并不可怕，可怕的是缺乏意志力，所以爸爸妈妈可以给孩子讲一些名人小时候家里贫穷，通过自己的努力取得最后成功的小故事，让孩子效仿他们的精神，不要总是贪图富贵，以追求金钱的价值为自我价值。

3．父母可以有意识地给孩子创造一些情境

爸爸妈妈可以带孩子一起到市场去买菜，让他知道买一个冰激凌的钱，能够买多少菜；鼓励孩子参加公益活动，比如省下买一个名牌书包的300元钱可以资助一个贫困家庭的孩子重返校园；还可以让大一些的孩子利用假期参加勤工俭学，比如做餐馆服务员等，亲身体验钱来之不易……时常创造一些这样的情境，或许不需要家长讲太多的大道理，就能让孩子懂得珍惜，逐渐改掉乱花钱的毛病。

不一定你觉得好，真对孩子好

世界上没有两片相同的树叶，同样的，人的性格也是各有千秋的。有人性格外向，有人则很内向。

丹丹不太喜欢和同学们一起玩耍，因为，他总觉得和大家在一起打闹是一件很幼稚的事情，他认为倒不如自己看书或是独自去郊游来得更为潇洒、惬意。他特别欣赏武侠小说里面的那些独来独往的古代侠客，丹丹欣赏他们那种自由自在、不受任何束缚的生活。他也希望自己能够有侠客般的气质。

可是，丹丹的妈妈可不认为这种独来独往的性格是个好现象，她觉得孩子必须得和伙伴们一起玩闹、一起交往，才是正常的，像丹丹这样的性格太过孤僻，妈妈经常对丹丹说："你不要这么不合群，应该多和朋友在一起玩，一起谈心，这样的生活态度才是积极的，老是关起门来，一个人待着，会越来越怪异的。"

丹丹每每听到妈妈的这番话，总是冷冷地回绝："我喜欢这样一个人安静地待着，我觉得这样很好。"

面对孩子的固执，母亲几乎是无计可施了。一天，母亲单位组织到外地去旅游，妈妈想带着丹丹一块儿去，因为，这次旅游会有许多和丹丹同龄的孩子一同前往，妈妈觉得这是一次好机会，可以让丹丹多接触一些朋

第2讲 也许你不会爱孩子
——用对的方式，给孩子最好的爱

友。但丹丹还是拒绝了妈妈的安排："不，我不去，和一群孩子在一起多没劲呀。"

妈妈问道："你自己不也是孩子吗？"

丹丹摆摆手："反正我是不去的，我再次申明我喜欢独自一人。"

妈妈无可奈何地叹了一口气："唉，你怎么这么喜欢闹别扭呀！"

成人的性格往往在孩童时期就已经形成，所以，生活中和故事里的丹丹性格相近的孩子并不鲜见。

然而父母们却不允许自己的孩子整天独自一人，多数父母都希望自己的孩子处世积极、性格活泼。因此，许多性格内向孩子的父母都为孩子忧心忡忡。有些父母还会因为孩子的这种个性而责备孩子："怎么整天死气沉沉的？""整天就像个小老头一样没精打采……"然而，这种方法却很难奏效，因为愈加责备，就愈容易使孩子畏缩、消极，造成孩子心理上的负担。尤其是以命令的口气说话，将对孩子造成很大的负面影响。

有些父母鼓励性格内向的孩子和一些性格外向的伙伴一起相处，可是，他们不知道，内向的孩子和活泼好动的孩子相处时，反而会产生更大的压力，内心中会形成一堵无形的心墙，反而加重孩子的内向。

所以，不要试图改变孩子的性格，不管孩子性格是否内向，只要孩子心理健康，能够快乐成长，就可以尊重孩子的选择。

父母不要强求孩子的性格与别人一致，更不要斥责孩子性格不好。在这点上应该给孩子足够的空间，对孩子宽容一点。即使孩子的性格具有某些不好的倾向，也不要强迫孩子改变自己的性格。此时父母应该做的是，和孩子进行心与心的交流，抓住孩子的性格特点，找出孩子性格特别的原因所在，对症下药。

培养孩子个性的时候，不要逼迫孩子必须和父母自己认为优秀的性格一致，鼓励孩子拥有自己的个性。但要让孩子理解，人不是个体的，而是社会的，人不需要刻意去改变自己的个性，但必须适应环境，适应社会，这样才能使孩子健康成长。

想孩子成才，也别胡来

望子成龙、望女成凤是中国父母的普遍心态。从孩子很小的时候起，他们就对孩子有一大串的期望，期望孩子从小学到大学一路"重点"，最后再出国深造，成为博士，期望孩子功课好、分数高，力争年年被评上三好学生；期望孩子有特长，能在数学竞赛中获奖，能在英语大赛中获奖，能在书法比赛中获奖，能在钢琴比赛中获奖，能在体育比赛中获奖……这些期望就像一副重担，狠狠地压在了孩子的肩膀上。

其实，父母期望孩子成才这一点是可以理解的，但期望也应该以现实为基础，如果父母的期望值过高，背离了孩子身心发展的内在规律，那么就可能给孩子带来过重的心理负担，影响孩子的发展。

小雨是从一路辉煌中走过来的，她上小学时，是市里的心算冠军，还曾屡次在高手如云的全国数学奥林匹克竞赛中获奖；她的英语非常好，上初中时曾代表学校参加过省英语口语大赛……上高中后，妈妈告诉她："以你的水平、实力，上高中一定要在班里拿第一！这样将来才有希望考清华、北大。"小雨觉得很痛苦，她觉得自己的能力似乎已经到极限了，

第2讲 也许你不会爱孩子
——用对的方式，给孩子最好的爱

重点高中里人才济济，自己哪有那么容易考第一。妈妈看出了她的烦躁，但非但没有安慰她，反而还斥责她："整天心浮气躁，你要是不拿第一，看我不打折你的腿！"小雨在日记中写道："爸爸妈妈永远也不会真正地为我着想，他们有要做成功者的愿望，我就得成为过河的卒子，拼命向前。"期末考试结束了，小雨拿到了她的成绩单，她离第一名还有好远。那天下午，小雨没有上课，趁父母不在家，她收拾好东西，带上一些钱离家出走了。

父母期望孩子早日成才，期望孩子出类拔萃，这种心情本是合理的。但也不能否认，任何事物都应该掌握好尺度，要根据实际状况，采取科学的方法，千万不能在教育孩子的过程中，怀着不切实际的"期望"，走向极端。父母总是用成人的心态和眼光看待孩子的内心世界和能力，对孩子的能力发展、情绪状态、心智方面都有过高的估计。父母在这种自我沉迷的状态下不能清醒地认识问题，久而久之，使自己的行为成了一种惯性和教条，最终给孩子造成了巨大的精神压力，使孩子对受教育的感受越来越沉重，越来越没兴趣和信心，甚至还导致孩子心态失衡，走上极端。

因此，该到了给孩子"减负"的时候了，不要总是给孩子太多压力、负担，对孩子的期望要合情合理，要让孩子能够看到成功的希望，"轻装上阵"不是更有利于远行吗？

涛涛上初二了，成绩中等偏上一点，这让他的爸爸很着急，再这样下去，重点高中就没戏了。于是夫妻俩齐上阵，一起督促涛涛学习，还不断给他讲一些"考不上重点高中，将来就很难考上重点大学"的道理，不过这样做似乎完全没效果，期中考试成绩一点没进步，老师还反映说，涛涛变得内向了许多，夫妻俩只好带着儿子去看心理医生。几天后，心理医生告诉这对急于望子成龙的夫妻，他们的儿子有忧郁症的倾向，主要是因为心理压力过大。那怎么办呢？医生给他们支了一招"减负计"。

回家后，夫妻俩找儿子谈了一次话，爸爸说："涛涛，我们为你好，但却似乎给了你太大的压力，现在我们认为应该按你现在的成绩对你提出要求。你现在是中等偏上，那就加把劲考市五中吧！五中虽不是重点，但听说教育质量也不错。""爸爸，你说的是真的吗？"涛涛眼睛亮了起来。"当然是真的了！不过，你不可以因为我们降低了要求就不认真学习，知道吗？"涛涛连忙点头。从那以后，涛涛的脸上开始有了笑容，而且也不再用父母督促着学习。中考结束了，当父母准备送儿子去五中时，却出现了一个戏剧性的转折——涛涛的分数超过重点高中的分数线17分，涛涛竟然考上了重点高中！爸爸奇怪地问涛涛怎么考的，孩子笑着说："没有压力、轻装上阵自然发挥得好！"有了这次经历，涛涛的父母决定今后要将"减负"进行到底。

教育孩子，应从孩子的实际出发，顾及孩子的爱好与特长。如果家长只根据自己的兴趣和愿望要求孩子，那么孩子只会走向相反的道路。在高期望值的支配下，父母评判孩子好坏的标准往往会严重失衡。孩子教育的成败也多以考试分数或孩子所学的一门特长的成效来衡量。这实际上是家长自己背上的一个错误而沉重的包袱。因此，父母在教育孩子时，应注意给孩子"减负"而不是加压。不要以为孩子在很大压力下才会出人头地。教子成功的父母一般绝不给孩子太多的期望压力，因为让他放松身心、缓和情绪反而更好。

给孩子过高的期望，会让孩子因压力过大而崩溃；降低你的期望，为孩子减去过重的负担，却可以使孩子轻松自如地前行。

第2讲 也许你不会爱孩子
——用对的方式，给孩子最好的爱

※ 智杰点津：宽严相济才是好教育

孩子往往会在自觉、不自觉中犯下这样或那样的错误。那么，家长应该如何教育这些犯了错误的孩子呢？孩子犯错时，给予适当的惩罚是很有必要的，但是，我们也不能一味地只想着惩罚，而应宽严相济，甚至可以用宽容去"惩罚"，这样的效果有时反而会更好。遗憾的是，很多家长遇到这种情况，第一个念头就是：严厉地教训他一顿，让他以后不敢再犯。而事实上，心理学家告诉我们，宽容孩子的过错才是最有效的教子方法。

不知爸爸妈妈们有没有听过这样一个寓言：

北风和太阳打赌，看谁的力量更强大。它们决定比试谁能把行人的大衣脱掉。

北风先来。它鼓起劲，呼呼地吹着，直吹得寒冷刺骨，可是越刮，为了抵御北风的侵袭，行人越把大衣裹得紧紧的。

接下来是太阳。太阳高挂在天上，轻柔温暖，行人觉得春暖上身，渐觉有点热，于是开始解开纽扣，继而脱掉大衣，太阳获得了胜利。

人们把这种以启发自我反省、满足自我需要而达到目的的做法称为"太阳效应"。太阳之所以能达到目的，就是因为它顺应了人的内在需要，使人的行为变为自觉。

"太阳效应"给我们的教育启示是：在处理孩子的错误时，宽容有时比惩戒更有效。

为什么宽容谅解会产生如此奇效呢?这是因为,当一个人不慎犯错时,首先他自己也会感到痛苦和内疚,孩子亦是如此。这时,他们最需要的是理解和信任。而宽容,恰恰能够给予他们这方面的满足,继而使人认真反省,痛改前非。

有这样一则故事,对家长们来说,应该是一种启迪:

一天,埃德蒙先生回家刚打开厅门,就听见楼上的卧室有轻微的响声,那种响声对于他来说太熟悉了,是阿马拉小提琴的声音。

"有小偷!"埃德蒙先生快速冲上楼,果然,一个十几岁的陌生少年正在那里摆弄小提琴。

他头发蓬乱,外套口袋还露出两个金烛台。毫无疑问他是一个小偷。埃德蒙先生用结实的身躯挡在了门口。

这时,埃德蒙先生看见少年的眼里充满了惶恐、胆怯和绝望。那不是一个孩子应该有的表情。

于是,愤怒的表情顿时被微笑所代替,他亲切地问道:"你是埃德蒙先生的外甥尼克吗?我是他的管家。前两天,埃德蒙先生说你要来,没想到这么早就到了!"

那个少年先是一愣,但很快就回应说:"我舅舅不在家吗?那我先出去玩一会儿,待会儿再回来。"埃德蒙先生点点头,然后问那位正准备将小提琴放下的少年:"你也喜欢拉小提琴吗?"

"是的,但拉得不好。"少年回答。

"那为什么不拿着琴去练习一下,我想埃德蒙先生一定很高兴听到你的琴声。"他语气平缓地说。少年犹豫了一下,但还是拿起了小提琴。

第2讲　也许你不会爱孩子
——用对的方式，给孩子最好的爱

路过客厅时，少年突然看见墙上挂着一张埃德蒙先生的半身像，身体猛然抖了一下，然后头也不回地跑远了。

埃德蒙先生确信那位少年已经明白是怎么回事了，因为没有哪一位主人会用管家的照片来装饰客厅。

3年后，在一次音乐大赛中，埃德蒙先生应邀担任决赛评委。最后，一位年轻的小提琴选手凭借雄厚的实力夺得了第一名！评判时，他一直觉得这位选手似曾相识，但又想不起在哪里见过。颁奖大会结束后，这位选手拿着一只小提琴匣子跑到埃德蒙先生的面前，神情激动地问："埃德蒙先生，您还认识我吗？"埃德蒙先生摇摇头。

"您曾经送过我一把小提琴，我一直珍藏着，直到有了今天！"年轻人热泪盈眶地说，"那时候，几乎每一个人都把我当成垃圾，当您出现在门口时，我以为自己彻底完了，但是您宽恕了我，让我在贫穷和苦难中重新拾起了自尊，心中再次燃起了改变逆境的熊熊烈火！今天，我可以无愧地将这把小提琴还给您了……"

琴匣打开了，埃德蒙先生一眼瞥见自己的那把阿马拉小提琴正静静地躺在里面。他走上前紧紧地搂住了这个激动的年轻人，3年前的那一幕顿时重现在埃德蒙先生的眼前，原来他就是那个少年！埃德蒙先生眼睛湿润了，少年没有让他失望。

宽容，使埃德蒙先生成功地唤醒了孩子的良知，让孩子彻底改正错误，走上正途。这个故事应该让家长们有所感悟。

现实生活中，有些家长急于望子成龙、望女成凤，总是容不得孩子有过失、犯过错，认为必须严厉地教育孩子，才能使孩子改过。但他们不知道，这样做往往会使孩子产生逆反心理，一些孩子甚至就越骂越皮，干脆破罐子破摔了。因此，当我们的孩子犯了某种错误时，如果他自己对错误或过失的严重性已经有了较深的认识，深深地感到后悔和内疚了，这时，爸爸妈妈们不妨宽容一点，给予孩子足够的理解和信任，这样的教育方法会使孩子更好地反省自己，改正错误。

第3讲 最好的陪伴是懂你
——读懂孩子的心,才能了解孩子的行为

※ 孩子的每一种行为,都是"有意"而为;
※ 孩子的每一个问题,都是"心理"问题;
※ 你最高级的教育,就是走进孩子的心里。

你的孩子，就应该是调皮的

每个孩子小的时候都非常调皮，这也是孩子的天性，那么父母该如何教育调皮孩子呢？是泯灭其天性还是发展其天性？我们来看看懂沟通心理学的家长是怎样做的。

冯敏今年6岁了，是家里的掌上明珠，相比于其他年龄相仿的女孩来说，冯敏更为调皮。记得有一次，妈妈带着冯敏到朋友家做客，她一会儿摸摸这儿，一会儿碰碰那儿，妈妈觉得很不好意思，生怕冯敏会打碎朋友家的东西，于是轻生招呼她："敏敏，快过来，坐到妈妈腿上来。"然而冯敏并未走到妈妈跟前，而是一溜烟跑到了朋友家的卧室，看到卧室里的皮卡丘公仔非常可爱，一把抱在怀里，直接抱着出去找妈妈。妈妈刚要训斥冯敏，哪知冯敏却说："妈妈，妈妈，我看到皮卡丘身上破了个洞，你用针线缝缝吧。"妈妈的朋友一听，笑着说："敏敏真是个爱观察的孩子，这个皮卡丘一直放在我家孩子的卧室里，他都没有发现皮卡丘身上破了个洞。"

还有的时候，妈妈带着冯敏到乡下爷爷奶奶家去玩，她就会一整天不进屋，而是在院子里观察小鸟、小蚂蚁、小蜜蜂及花花草草。冯敏虽然有些淘气，但是很聪明，她能迅速地说出普通花草的名称、颜色，以及小动物的名称、颜色、喜欢吃什么等。妈妈给她买了一本《动物与植物百科大全卷》，虽然她不认识几个字，但经常会缠着妈妈给她讲书上的小动物，

第3讲 最好的陪伴是懂你
——读懂孩子的心，才能了解孩子的行为

她也会对号入座，在自己看到自然界中和书上对应的小动物的时候说出几点她知道的有关小动物的特点。

记得有一次，妈妈给她买了一个会发出悦耳乐声的音乐盒，冯敏非常喜欢，可是这丁零零的声音是从哪里传出来的呢？为什么一上弦就可以发出声音。一连几天她都心痒得很，直到有一天，妈妈把她送到乡下找奶奶，趁着妈妈不在身边，冯敏偷偷将音乐盒拆开了，可是里面除了一个个小小的金属片什么都没有，她试图将音乐盒组装上，可是无论如何它都不能再发出声音了。

冯敏非常害怕，担心妈妈看到后会责备自己，哪知道妈妈得知原因后却鼓励她说："敏敏做得很对，既然你已经把音乐盒拆了，就好好观察它，尝试着不同的组装方法，看看音乐声究竟是从哪里发出来的。"

案例中冯敏的妈妈并没有因冯敏淘气而一味地压制她的本性，而是利用她的调皮活泼激发她的观察力、想象力、思考力和动手能力，这才是促进孩子成长、进步的关键。生活中，很多孩子发现自己的孩子很是调皮之后就开始不明就里地管教，想要通过自己的压制和引导让孩子变得越来越乖巧、听话，却忽视了孩子的天赋。对于天性调皮的孩子，父母可以进行这样的引导：

1. 面对调皮的孩子，父母要控制好自己的脾气

调皮的孩子常常会将家里弄得乱七八糟，甚至把家里的东西弄坏。很多家长在面对这种情况的时候都会气急败坏，想对着孩子大发雷霆。但是父母如果无法控制自己的脾气而责骂甚至打骂了孩子，只会让孩子逐渐丧失创新意识，要知道，那些稀奇古怪的念头里很可能蕴藏着无限的创造力。现实生活中，规矩听话的孩子可以让父母省心，再加上父母望子成龙的心态，经常会给孩子设很多的限制，不允许孩子做这做那，管教变成了

管制，结果使孩子做什么事都必须看大人的眼色行事，整天一副唯唯诺诺的样子，根本不可能再有什么创造力可言了。因此，作为父母，不要因为孩子稍微有些调皮的行为就大发雷霆。

2．尊重孩子的喜好

在中国，很大一部分家长根本不问孩子喜好什么，就一味地按照自己的意愿给孩子报各种学习班，企图让孩子掌握各种技能，以备将来步入社会独当一面所用。表面上这种做法好像很对，但是所有的家长都忽略了一点，这么做泯灭了孩子活泼的天性，让原本该绽放笑容的小脸变得不耐烦、死板、愁闷。

正确培养孩子的方法是根据孩子的天性进行培养，而很多父母的培养方法却与之相反，父母命令孩子做这做那，将学习当成任务去完成，甚至为此而羞辱、责骂孩子，那么孩子就只能带着不情愿的情绪去做这些事。其实，这样做的结果就是让孩子对学习感到厌倦，同时毁掉了孩子应有的气质，让孩子变得混混沌沌，行动变得迟缓。

3．调皮不等于完全没规矩

中国有句古话"没有规矩不成方圆"，容忍孩子的调皮行为并不等于完全放纵孩子，对于过于调皮、不讲礼貌、不讲规矩甚至出手打人的孩子，父母应当严厉制止和管教。孩子小的时候要培养良好的行为习惯。孩子稍微大点后，要给孩子"不听话的自由"，鼓励有自己的想法和做法。淘气的孩子接触面广，大脑受刺激多，能激发孩子的智力。因此，给孩子一点儿"不听话的自由"可以提高孩子的创造力。哪怕是再调皮的孩子身上都有闪光点，作为父母应该及时发现他们的优点，懂得如何去挖掘他们的潜能，培养他们的兴趣。调皮孩子的兴趣不容易被父母发现，因为他们的想法多种多样，此时最需要父母的支持，不要强迫他们放弃自己的兴趣。

第3讲　最好的陪伴是懂你
——读懂孩子的心，才能了解孩子的行为

任性孩子的内心，很有深意

孩子任性，是一个普遍的问题。男孩子脾气上来，撒泼打滚，无所不干；女孩子含蓄些，比较注意"形象"，但是心里一不如意，就往那儿一坐，小嘴儿一噘，任凭你怎么喊就是不答应，也真够让大人心急的。

要矫正孩子任性的性格缺陷，我们必须了解一点儿童心理学，知道他们在大人看来"不可理喻"的背后，到底有什么样的深层动机。

8岁的宁宁，典型的你说往东他偏往西，爸爸都恨得打屁股了，可是他还是不顺从。但在孩子的心里，他却是这么想的：爸爸嫌我不听话，太任性。可是我不饿的时候，他们偏让我吃饭；我想看画册，他们偏让我午睡；我困了的时候，他们还非让我练钢琴。难道大人就不任性吗？为什么都要按他们说的去办？我已经是大孩子了，我不能决定自己要干什么吗？

11岁的小多，脾气说来就来，稍不如意就和父母对着干，也不管人多人少。孩子心中，其实也有她的想法："我吃东西吃得高兴，不小心把番茄酱弄到脸上了。妈妈就唠叨：'看看比你大一岁的表姐，吃东西的时候多斯文，说话都慢声细气的，再看你，哪像个女孩子！'为什么总是说别的孩子好？索性把汉堡包、薯条弄得满地都是，这又怎么样？反正在妈妈的眼里，我也不是好孩子了！"

10岁的莎莎，看到什么要什么，父母不答应，说哭就哭，没个晴天的时候。在她心里，打的是这个主意："你们不让我闹，但是我好好说话你们什么时候听过？我一哭你们才会改变主意，上次就是这样的。"

任性形成的原因有多种，比如，有些家长对孩子溺爱、娇惯、放任、迁就；还有的家长对孩子的教育方法简单粗暴，造成孩子的逆反心理，不管家长说得对不对，一概不接受，从而埋下了任性的种子；有些家长无视孩子的意愿、想法，只要求孩子绝对服从，并想出各种方式让孩子就范，这种违背孩子身心发展规律的做法也是形成任性的原因；另有一类家长经常当着别人的面数落孩子，爱用讽刺、挖苦的语气和孩子说话，虽然是为孩子好，哪怕家长说得再对，也容易伤害孩子的自尊心，从而导致孩子为了自己的面子，为了和家长对抗，故意任性犯拧。

看来，在任性孩子"不可理喻"的背后，其实也有他们的"理"，只是当家长的平时不注意分辨罢了。知道了他们与家长对抗的动机，就会知道什么样的管理方法对任性的孩子有效，儿童教育专家推荐了以下的方法，家长们可以根据实际情况试用。

1. 提前打好预防针

孩子任性发作一般是有规律可循的，当预计孩子可能因某种情况任性时，要提前打好预防针。比如，带孩子到商场之前，要估计到孩子会要求买玩具，一旦得不到满足八成会耍赖。那么，家长在从家里出发前就要和孩子讲好条件，看到喜欢的玩具只许看一会儿，不能买，不听话就不带他去商场了。如果孩子表现得好，家长可以表扬鼓励他，甚至可以给他买件小礼物以示对其"不任性"的奖励。

2. 遇到犯拧不能软

孩子任性往往是抓住了家长的弱点。家长越怕孩子哭，孩子就越是哭。因此，家长对孩子提出的不合理要求绝对不能让步，不管他怎么哭怎

第3讲　最好的陪伴是懂你
——读懂孩子的心，才能了解孩子的行为

么闹，都不能有任何迁就的表示，态度要坚决，而且一定要坚持到底。

3．让孩子多与他人交往

目前，多数孩子都是独生子女，在家里有父母溺爱，缺少与同龄人交往的机会，容易形成孤僻、执拗的性格。一旦形成这种性格，孩子就会在外面和小朋友、同学相处困难，一不顺心，回家更是要耍脾气，形成恶性循环。因此，家长要多为孩子创造条件，让孩子多和同龄人交往。在和小伙伴交往的过程中，孩子没有道理要求别人事事顺着自己，对别人任性耍脾气的结果可能就是"没人理了"。孩子慢慢地会因此意识到任性的坏处，并且在和同龄人交往中改掉任性的坏毛病。

他只是"拿"，你别说是"偷"

不少孩子都有过顺手牵羊、偷拿东西的行为。面对孩子的这种行为，家长采取的措施常常是非打即骂，而收效却甚微。其实对孩子偷东西的行为反应过度和"姑息养奸"都是不可取的。

玲玲今年读六年级了，父母都是公务员，爷爷是退休的老干部，家里只有玲玲一个孩子，全家人都将其视为掌上明珠，玲玲可以说是衣食无忧。但是就在前段时间，玲玲却被老师叫了家长，原因是玲玲偷其他小朋友的文具，今天偷这个的橡皮，明天偷那个的彩笔，后来小朋友们发现自己的东西是玲玲偷的，都很讨厌她，故意疏远她，而她的这种行为也变得

更频繁。老师几次找玲玲谈话,但是玲玲并没有因此而收敛,最终老师决定请玲玲的父母来学校一趟。

玲玲的父母对于女儿的这一行为感到羞愤,他们既生气,又担忧,生气的是玲玲居然做出这种偷偷摸摸的事来,担忧的是玲玲的心理是否有问题。经过一番耐心的询问和心理疏导,玲玲才说出实情。

玲玲的彩笔非常漂亮,有36种颜色,是爷爷送给她的生日礼物,同学们都很羡慕。但是几个月前的一堂美术课上,玲玲在画圣诞树的时候发现自己的绿色彩笔不见了,就和自己的同桌瑶瑶借用绿色的彩笔,哪知瑶瑶却说:"我的绿色彩笔用得快,要是借给你下次我就没得用了。"玲玲从未被人拒绝过,瑶瑶的这一拒绝让玲玲的自尊心受到了伤害。下课之后,趁着瑶瑶去厕所的时候,玲玲将瑶瑶文具盒里的绿色彩笔偷偷拿了出来,放学后丢在了垃圾桶内。刚开始还有些害怕,担心被瑶瑶发现,后来看没什么事,内心之中竟然又产生出一种报复的快感,似乎终于为自己出了口恶气。

从那之后,只要班上的同学有谁惹了自己,玲玲都会趁着对方不注意偷走对方心爱的东西,自己喜欢的就拿回家用,自己不喜欢的放学之后就偷偷扔到垃圾桶。看到得罪自己的同学寻找自己丢失的心爱物品而着急的模样,玲玲居然有些得意。

其实,像玲玲这样的问题青少年并不多,他们一般家境优越,娇生惯养,自尊心强,很多时候偷别人东西并没有什么明显的目的,只是纯粹为了给别人制造困难,进而获得快感。比如案例中的玲玲,只是把偷来的东西扔掉或者随便处理,那些物品本身对她并没有什么吸引力,吸引她的是那种报复之后的快感。

有研究表明,有偷盗行为的孩子多半都有一些共同经历:学习压力大,与父母、老师的关系紧张,在班上没有交心的朋友,喜欢某个异性却

第3讲 最好的陪伴是懂你

——读懂孩子的心，才能了解孩子的行为

被拒绝等。每个孩子都希望成为同龄中的佼佼者，可并非每个孩子都可以做到这一点，他们经常感到自己被忽视了，不惜自甘堕落。也有的孩子虽然成绩优秀，但是每次取得的优秀成绩对他们而言都是无比煎熬的，正是由于他们备受瞩目，他们才会觉得很累，有一种无形的压力压得他们透不过气来，想要通过某种方法放纵自己、释放压力。那么对于此类孩子，家长该如何进行教育呢？

1. 明确告诉孩子"没人喜欢爱占便宜的人"

如果孩子从邻居家玩完后拿回家一个竹蜻蜓，妈妈要问清楚："这是小朋友送你的，还是你自己拿回来的？"如果是送的，要问清孩子是否表示了感谢；如果是自己拿回来的，一定要严肃地跟孩子讲清道理，并引导他换位思考，"如果你心爱的玩具不见了，你会多难过？如果你后来知道是谁偷偷拿走了你的玩具，你还愿意和他一起玩吗？"要让孩子了解到这种爱占小便宜的行为是不受欢迎的，之后带孩子一起去送还，并当面道歉。

2. 严肃对待孩子经常拿别人东西的行为

孩子第一次占便宜的时候不要过分指责，和孩子讲清道理之后，如果孩子仍然这样，家长不能视而不见，一定要严肃对待，让他认识并改正错误。比如，停止供给他的零用钱；或者每天要做额外的家务活等。其实孩子偷东西并不是说孩子真的就变坏了，千万不能给孩子贴上"坏孩子"的标签。有的家长主张用武力解决问题，认为只有"打骂"才能纠正孩子的"偷窃"行为。其实不然，打得越狠，孩子和父母之间的感情就会越疏远，孩子就会越孤独，不敢回家，很容易和社会上的不良分子交往，被其利用，甚至接触社会上的不良事件，最终误入歧途。

3. 细心观察孩子的动向

生活中，要随时观察孩子的思想动向，如果孩子的零花钱多了，或者文具盒、书包里突然多了很多东西,都要引起重视,这些东西很可能是孩子偷来的。要仔细排查可能出现的情况,动之以情,晓之以理,要做到让孩子承认错误的同时不伤害孩子的自尊心。如果事态的发展允许对他们的行为保密,那么父母一定要信守承诺。否则,一旦失去一次教育的机会,孩子就可能再也不相信父母了。

4. 培养孩子明辨是非的能力

可能你之前教育过孩子什么是是非,但是孩子很容易受到外界影响而改变,作为父母,应该不厌其烦地培养孩子的是非观念,让孩子明白偷东西是可耻的,不允许同样的事情再次发生。对此类孩子进行矫正,应当先帮他们形成是非观念,增强其是非感。

5. 反思是否满足了孩子的正常需求

父母应该多关心孩子,尽自己所能及时满足孩子的合理要求。如实在满足不了,要明确告诉孩子原因,赢得孩子的理解,让他形成正确的得失观。

每一个叛逆孩子,都有深刻的故事

"唉,这孩子,为什么越来越不听话了?""现在的孩子没法管了……"这是许多父母经常发出的感叹之言。是的,孩子的叛逆是许多家长十分头疼的事情。家长们总是很诧异,为什么孩子在小的时候吃饱喝足了什么事

第3讲 最好的陪伴是懂你
——读懂孩子的心，才能了解孩子的行为

也没有，孩子越大，满足得越多，孩子要求也越多。到了一定程度，只要稍微不满足孩子的要求，他们就跟父母对着干，无论怎样教育，都毫无成效。这是什么原因呢？

其实，当孩子从懵懂无知的孩提时代进入青春期后，最明显的标志就是独立意识的增强。孩子的叛逆心理也并非像我们所想象的那样——故意和父母对着干，也不是孩子越大就越不听话了。从某种程度上来讲，孩子的叛逆行为，其实也是一种渴望独立的信号。

到了这个时候，他们不再对父母的话语"唯言是听"，而是渐渐地有了自己的想法，并能根据自己的经验做出相应的判断。这时候，如果做父母的不懂得及时沟通，及时了解，仍然凭借自己的人生经验，依照自己的想法去教育孩子，把他们当作一个什么都不懂的人，就很容易使孩子听不进去，也很容易使孩子滋生逆反心理，从而使矛盾不断升级，变成和父母对着干了。

汪帅刚满17岁，正在一所重点中学读高三。为了使汪帅能考上理想的大学，有一个锦绣的前程，汪帅的父母为孩子找来了3位辅导老师，分别对汪帅的"语数外"进行课外辅导。谁知，汪帅根本不听话，每当辅导老师登门授课时，他就对辅导老师爱理不理的，有时甚至连招呼都不打，就跑到外面上网去了。弄得登门的辅导老师来过几次后，就再也不愿意来了。眼看高考临近了，汪帅的家长开始苦口婆心地劝导他。

"你能理解父母为你请辅导老师的用心吗？"汪帅的妈妈问道。

"这还用说吗？当然理解，只是不想说出来而已！"汪帅回答。

"那你为什么对辅导老师这么冷淡呢？"

"因为我已经长大了，我有自己的学习计划，有自己的学习方法，干

吗还要把我当作小孩子一样呢？"汪帅反问起来。

……

面对孩子的回答，汪帅的父母似乎无言以对。

汪帅已经17岁了，虽然不是特别成熟，可他已经是一个能够独立思考的人了，如果做家长的还把他当成一个需要随时呵护的人，那么，孩子肯定受不了。

由汪帅的事情我们可以看到，很多孩子的家长由于历史和家庭条件的限制，很多愿望不能完成，因此他们把所有的希望都寄托在了儿女身上，全心全力地想把他们打造成琴棋书画样样精通的全能人才，应该说，家长总是想把孩子纳入自己所设计好的轨道。而当家长的成人化的理念和要求与孩子的想法以及目标相逆时，便会产生碰撞。然后家长就认为是孩子在学"坏"，孩子变得叛逆，却不曾想，孩子是想有自己的主见。

面对孩子青春期的叛逆，家长需要正确对待，而不是一味地以父母的姿态压制他们。

处于青春期的孩子，由于他们对万事万物渐渐地有了自己的想法，有了自己的主见。所以，他们总觉得，长期以来，父母与师长对他们灌输的思想与理念，竟然有许多地方是"不对"的。于是，他们就滋生了叛逆的心理，希望能得到家人与外界的认可。其实，叛逆并不是什么大不了的事情，它不过是孩子渴望独立的信号，是一种希望得到认可的方式。

第3讲　最好的陪伴是懂你
——读懂孩子的心，才能了解孩子的行为

孩子虽然小，他也有烦恼

烦恼是一种不健康的心态，它多来自于内心的不安宁。其实，大多数烦恼是杞人忧天，担心的事情并不一定会发生，但是由于孩子的"免疫力"较差，因此烦恼往往会"乘虚而入"。于是，在一些家庭里便会出现这样的情况：

"妈妈，我睡不着。"

"是不舒服吗？"

"不是，我担心明天会下雨，班里组织的郊游就会取消呢。"

"儿子，你晚饭怎么只吃了一丁点儿呢？"

"妈妈，我吃不下，明天老师就要公布考试成绩了，我担心自己没及格。"

"妈妈，我不想去乡下姥姥家。"

"为什么？是不喜欢姥姥吗？"

"不是，我担心去了会像上次一样又停电，害得我连电视都看不上。"

那么，孩子们担心的这些事情真的都会发生吗？根据概率，99%不会发生。孩子的这些烦恼都是自找的，是杞人忧天。

心理学家告诉我们：自寻烦恼有百害而无一利，因为再怎么样的忧虑都无法解决任何问题，只会让自己的心情更糟糕，想法更消极而已。

孩子偶尔忧虑、烦恼并不可怕，可怕的是父母疏忽而不加以正确引导。

孩子自己一时无法意识到烦恼对身心的危害，这样烦恼就会像章鱼的手一样，把孩子紧紧箍住，使孩子喘不过气来，从而给孩子的身心带来伤害。

每个孩子都会有烦恼，关键是看父母如何去应对。为了帮助孩子尽快走出烦恼的阴影，家长要注意以下几点：

1. 孩子需要释放烦恼

家长应该接受并允许孩子释放烦恼，只要孩子的言行不是太过分，家长可以让他适度哭闹或大声吼叫，也许孩子会使用侮辱性词语，比如"我恨你"，家长要理解接受，因为孩子需要通过表达来释放，他真正的意思是"我非常生气，我想让你帮助我分担我的烦恼"。孩子能够将烦恼情绪及时释放是件好事，释放可以宣泄负面情绪，避免抑郁，使孩子形成健康、乐观的人格。值得一提的是，家长要意识到该怎样教会孩子合理地表达自己的感受。

2. 孩子需要倾诉烦恼

家长要做孩子的倾诉对象，要经常站在孩子的角度去看、去想、去倾听，这样才能及时了解他烦恼的原因，从而帮助他摆脱烦恼。比如，孩子与小朋友争吵，小朋友占了上风，孩子心里会十分难受，家长一定要引导孩子主动诉说，如"你怎么了，有什么不开心的事吗，讲给我听一听吧"。家长只要能耐心倾听，让他发泄心中的怒气，孩子就会很快忘记心中的恨意，烦恼也许自然就消失了。

3. 孩子烦恼时需要安慰

孩子若是因遇到挫折而产生烦恼，自然会希望从家长那儿获得理解和安慰，家长的安慰能抚慰孩子受创的心灵。当孩子烦恼时，可能会满脸鼻涕眼泪地向家长哭诉，或是愤愤不平地抱怨其他小朋友。这时，家长先要能接纳他的情感，听听孩子的倾诉，然后根据情况给予适度的安慰。家长

第3讲 最好的陪伴是懂你
——读懂孩子的心，才能了解孩子的行为

处理的态度一定要适度，要表现得很镇静，心平气和地和孩子讲话，既不能太敷衍，如"没关系，不要紧"，三言两语带过，这样孩子会觉得你不重视他的问题，对家长产生怀疑，也不要太严厉，一个劲儿说孩子的不是，这样会使他更烦恼。家长安慰孩子，是设法使他的烦恼在爆发后能够渐渐平息下来，但不应该是无条件地顺从。如果毫无原则地一味迁就孩子，就不能真正解决孩子的问题。

4. 锻炼孩子的承受能力

现在的孩子大多娇气、任性，一点儿小挫折就会引起烦恼。孩子爱表现是优点，如果演变成妒忌心而导致承受力差，不仅会烦恼自扰，将来也很难立足社会。所以，家长要从小锻炼孩子的承受能力，让孩子既经得起表扬，又受得了委屈。这样，孩子面对挫折才会越加勇敢、坚强，也就没有那么多烦恼了。

重视精神给药，别让孩子心灵感冒

12岁的苗苗告诉网友，她觉得活着好没意思，觉得没有任何人喜欢自己，不知道为什么活着，好绝望。寒假的时候，她大部分时间都待在家里，只是看看书，事实上，她拒绝联系她的朋友们。苗苗夜里经常失眠，总是担心成绩下降，担心爸爸妈妈不喜欢她，担心失去朋友。因为太累，她开始早上不愿意起床，经常感到胃疼，并且担心去学校以后不知道要和谁说话。

苗苗妈也曾带苗苗到医院检查过身体，但并没有发现什么疾病，可是苗苗的精神状态越来越差，对什么都提不起兴趣，最后爸妈带着苗苗去看心理医生，才得知她得了重性抑郁障碍。

像苗苗这样的事情并非个例。在北京召开的第 28 届国际心理学大会上，有专家提出，中国目前约有 20% 的儿童出现不同程度的抑郁症状。这让很多父母百思不得其解，一个小孩为什么会得"大人病"呢？事实上，抑郁没有明确的年龄分界，儿童及青少年抑郁症，可能比我们所想象的要离我们更近，只是他们的抑郁往往被父母所忽略，不正确地归结为情绪问题。

毫无疑问，孩子的心理承受能力远远要低于成人，当他们遭遇一些强烈刺激时，如过度的惩罚、缺乏家庭的温暖、与亲人分离、父母离异等情况，就很容易形成消极的认知背景，心理上倾向于贬低自己，产生无能、绝望的情感体验，并且对事物做歪曲和夸大的理解以及消极的认知。这种状况如果不能及时得到改善，孩子稚嫩的心灵必然无法承受，最后就会出现精神抑郁甚至是失常。

抑郁的孩子自己都不知道自己哪里做错了，可他们就是不开心、不快乐，觉得自己的生活一团糟，无法控制好自己的心情和生活。在这个时候，如果烟、酒、毒品可以帮助自己"排忧解难"，他们就会走向这些东西。抑郁严重的患儿甚至会选择自杀。既然抑郁的危害这么大，家长该如何帮助孩子摆脱抑郁，重新恢复童真的笑脸呢？

1. 不要对孩子"控制"过严

家长应当让孩子在不同的年龄段拥有不同的选择权。比如，孩子 3 岁的时候允许孩子选择午餐吃什么，孩子 4 岁的时候允许选择自己想穿的衣服，孩子 5 岁的时候允许他告诉妈妈自己想买什么玩具……只有从小让孩子享有选择"民主"的权利，孩子才能感受到快乐自立。

第3讲　最好的陪伴是懂你
——读懂孩子的心，才能了解孩子的行为

2. 鼓励孩子多交朋友

多数抑郁的孩子都不怎么善于交际，他们由于享受不到友情的温暖而感到孤独寂寞。性格内向、抑郁的孩子更要多交一些性格开朗、活泼的朋友。家长应该教会孩子与他人融洽相处，这有助于培养快乐的性格，光明的内心。父母可以带着孩子接触不同年龄、性别、性格、职业和社会地位的人，让他们学会与不同的人融洽相处。父母也应该从自身做起，和他人相处融洽，热情待客、真诚待人，为孩子树立好榜样。

3. 让孩子爱好广泛

乐观开朗的孩子大都涉猎广泛，兴趣颇多，如果一个孩子只有一种爱好，那么他很难保持长久的快乐。试想：如果孩子只喜欢玩电子产品，除了玩手机、电脑没事可做，那么他很容易郁郁寡欢。如果孩子喜欢看书的同时还能热衷体育活动、饲养小动物、参演话剧等，那么他的生活就会变得更加丰富多彩，他获得的快乐也会更多。

4. 引导孩子摆脱困境

哪怕是天性乐观的人也不可能事事顺心，但他们中的大多数人都可以迅速从失意中重新奋起，同时将一时的沮丧丢在脑后。父母最好在孩子很小的时候就开始培养他们应付困境和逆境的能力。如果一时无法摆脱困境，家长可以教育孩子学会忍耐、随遇而安，或在困境之中找到另外的精神寄托，如球赛、游戏、聊天、逛街等。

5. 让孩子拥有自信心

自卑的孩子很难做到每天开开心心，笑对一切。这就从反面证实拥有自信和快乐的性格是远离抑郁的良药。对一个智力或能力都有限且充满自卑的孩子来说，父母的开导显得至关重要，家长应该多发现孩子的长处，同时审时度势地对孩子进行表扬和鼓励，来自父母和亲友的肯定对孩子将来克服自卑、树立自信大有帮助。

6. 创造温馨的家庭环境

家庭的气氛、家庭成员之间的关系也能在很大程度上影响孩子性格的形成。陶静原本也是个快乐的孩子，可是自从父母离婚后，便逐渐变得抑郁。要知道，一个充满了敌意甚至暴力的家庭是很难培养出快乐的孩子的，他们没有安全感，而且会由于父母的失败婚姻而感到亲情缺失。温馨的家庭环境可以让孩子变得活泼、开朗，远离抑郁。

7. 症状明显的孩子，应在心理医生的专业指导下，服用抗抑郁药物

尤其需要强调的是，孩子的抑郁症有时伴有危及生命的消极言行，尤其是对于已有自杀倾向的儿童，家长必须高度警惕，严密监护，以防止意外的发生。

※ 智杰点津：教育应符合孩子心理节拍

家长们在进行家庭教育时，常常会发生这样的问题：说了孩子许多次，可越说越不听；帮了孩子许多次，可孩子一点反应都没有；教育孩子多次之后才发现孩子的表现与自己的期望恰恰相反……或许你对此百思不得其解，那不妨反省一下自己，是不是你自己太唠叨了，给孩子造成了心理压力和逆反心理？

程燕有个怪癖，就是别人一催促她或者站在她背后，她就感觉节奏被打乱，工作效率下降。细问之下，发现程燕的妈妈是个非常急躁的人，而程燕则是个慢性子，于是程燕的童年就在母亲的"催促"中度过了。

平时，小学生4点多就放学了，程燕到家5点左右。妈妈要求程燕

第3讲 最好的陪伴是懂你
——读懂孩子的心,才能了解孩子的行为

必须在6点半之前完成作业,可程燕经常要写到7点多,有时甚至要写到8点,因为她写得很认真。妈妈看到程燕这个样子,又对比邻居妞妞的情况,觉得程燕贪玩,写作业不专心,于是决定好好监督她,让她改过来。后来放学一到家,妈妈就追问程燕作业是什么,盘算作业量。程燕正兴奋地跟妈妈分享学校里发生的事情,但妈妈根本没心思听,只是催促她快点写作业;程燕饿了,跟妈妈说,妈妈不耐烦地吼了起来:"我叫你快点写作业,你没听见吗?不写完不准吃饭!"

程燕愣住了,一时还搞不清状况,不知道自己做错了什么,为什么妈妈要对她发这么大脾气。她被吓住了,很害怕,心里很难受,坐到书桌前,但根本没心情写。

过了一会,妈妈偷偷观察程燕,发现她只是摊开了作业本,在那里呆坐着只字未动。妈妈的火气更大了,大声质问:"为什么不写作业?走什么神呢?"程燕不说话,委屈地看着妈妈,妈妈再一次逼问:"我问你话呢,怎么不回答,你是哑巴吗?"程燕终于忍不住了,"哇"的一声大哭起来。妈妈觉得很崩溃,失望地说:"完蛋孩子,你爱怎么样就怎么样吧,我不想管你了!"遂不再理程燕。

程燕哭了一会就不哭了,一个人坐在那里发呆,妈妈看到她这个状态,心有不忍,好说歹说把她拉去吃饭了。饭桌上,妈妈告诉程燕:"以后你写作业快一点,你快点写完我当然不会冲你发脾气了……"程燕连着答应了几声"哦",没再说别的。妈妈觉得还比较满意,好像自己的话孩子终于听进去了。

然而并非如此,程燕并没有快多少,作业还总是出错,并且形成了那个只要别人站在身后一催,节奏就被打乱的心理障碍。

絮叨、吼叫的说教方法是教育子女的一种错误的方式,也是父母缺少教育方法的一种表现。从培养孩子的良好行为出发,为人父母的,当发现

孩子有某些缺点和不良习惯，进行批评教育和诱导时，应注意使用多变的语言，以及不同的语调和表情，选择适宜的时机，有的放矢地进行训导，使之能够"动其情，明其理"，再加上给予具体的帮助和监督，这样就会使孩子逐渐改掉缺点和不良习气，养成良好的习惯。

1. 以轻松的口吻与孩子交流

教育应以尊重为前提，父母的言行就必须落在实处。与孩子交谈时，如果发现他的观点正确，那么父母就不要再端着架子，而是可以以轻松的口吻对他说："孩子，对不起，是妈妈（爸爸）错了。""乖女儿，妈妈要向你学习。""宝贝，你比妈妈做得还好！"

2. 及时赞扬孩子

看到孩子向着你的预期有所进步，家长应该及时通过微笑、点头等，对他的这种行为表现出赞同，说上一句："宝宝你真棒！"从而让孩子感到：原来我做的事情这么厉害，不然，妈妈（爸爸）怎么会赞扬我呢！这要比唠唠叨叨、大吼大叫地命令孩子做事情，更能使孩子听话懂事，也更利于改掉孩子一些坏的生活习惯。

3. 不要总对孩子说"经验之谈"

孩子说话、做事不免出错，那个时候，他总想维护自己的面子，从而出现一种防卫自我尊严免受伤害的心理倾向。所以，面对出错的孩子，家长不要以高明者自居，大吼大叫地指责他笨拙、糊涂、愚蠢，并且还唠唠叨叨对他说"这点事也做不好！我像你这么大时……"这种"经验之谈"，只能让孩子感到一种"被歧视"，认为爸爸妈妈是看不起自己。正确的做法应当是：以平和的口气，巧妙地点出他的错误，帮助他分析事理，弄清是非。

第4讲　别错过智能发展黄金期

——抓住成长敏感期，赋予孩子生命的助力

※ 在对的时间给予对的教育，孩子会令你格外惊喜；
※ 在对的时间进行错误教育，孩子会让你失望无比；
※ 抓住儿童成长敏感期，孩子成才看起来轻而易举。

孩子嘴"贫",是语言敏感期来了

很多家长都遇到过这种情况:孩子3岁左右,可以清楚地说出词语之后,就变成了一个小话痨,每天"吧啦吧啦"地说个不停。其实这就是孩子进入了语言敏感期,他的语言能力进入快速发展的阶段。

侯悦欣今年已经3岁了,从今年开始,悦欣突然变得特别爱说话,总是有很多问题,奶奶戏称她为"十万个为什么",而且小悦欣很喜欢重复成人说的话,比如,妈妈经常给爸爸打电话说:"亲爱的,中午吃什么啊?"小悦欣在看到小姨的时候就对小姨说:"亲爱的,中午吃什么啊?"逗得全家人哈哈大笑。不过有时候妈妈也疑惑,我的女儿怎么突然变得这么"贫"了,每天说个不停。

有时候爸爸出门,小悦欣还会在一旁"唠叨"个不停,就像妈妈平时对爸爸的"唠叨"一样,什么"爸爸你要小心开车啊""爸爸你要记得吃午饭""爸爸你一定要系好安全带""爸爸你记得别闯红灯"……

孩子从出生到掌握语言,通常需要3~4年的时间,语言发展的关键期是2~4岁。这个时候学习语言效果最佳,获得的语言习惯最易长期保持下去。到了3岁左右,孩子开始对用句子表达意思感兴趣,开始重复或模仿他人的话,此时,孩子总会一遍遍重复大人的话,一旦孩子的口语变

第4讲 别错过智能发展黄金期
——抓住成长敏感期，赋予孩子生命的助力

得越来越丰富，就是进入学习书面语言的关键时期。儿童语言的敏感期是暂时的，如果家长可以让孩子在这段时期处在良好的语言环境中，孩子就能轻松掌握某种语言，一旦错过这个时期就是终生错过了。

3岁左右的孩子，口头语言能力发展到一定水平之后，就会常常提出一些问题，比如"为什么公鸡在早上叫""为什么我是女孩""为什么这个小鸡玩具会蹦"等，此时，家长应该抓住这个语言发展的敏感期，将文字语言工具交给孩子，在孩子的语言敏感期进行适当引导，这样能有效提升孩子的语言表达能力。家长可以从以下几方面对孩子进行引导：

1. 鼓励孩子表达自己的想法与感受

由于孩子处在语言敏感期，因此，家长要积极鼓励孩子说出自己的感受与体验，同时表达出自己内心的观点，进而培养孩子的语言能力。

2. 挖掘出孩子的语言天赋

有研究表明，家长应该在孩子4岁以前教会孩子应该学会的知识，否则孩子长大之后落后于别的孩子的概率就会比较大。虽然这种说法并不一定完全正确，但是对4岁以前的孩子进行教育的确很重要。孩子进入语言敏感期后，他的大脑在这个时候有了大幅度发育，到了4岁后，他们的大脑发育就会减速。在孩子4岁以前，孩子的语言天赋已经很好地表现出来，此时父母除了要教会孩子说话，还要引导孩子发挥这一天赋。比如，鼓励孩子朗诵诗歌，给孩子讲故事，之后鼓励孩子重复等，其实这些都可以在孩子语言天赋的基础上提高孩子的语言表达能力。

3. 和孩子一起做汉字游戏

在语言敏感期教孩子识字并不仅限于书本与字卡，生活中随处都有孩子识字的情景。比如，父母经带孩子去超市购物，可利用这种真实的环境认识各种蔬菜与水果的名称。到家之后可以给孩子布置卡片超市，做购物游戏。在这种情境中，孩子不但可以将字和实物对应了，而且会很乐于接受，记得更牢。

培养孩子社交力，始于人际敏感期

每个人都需要朋友，孩子也不例外。等到孩子到了人际关系敏感期，你就会发现他每天都在期待和小伙伴在一起，甚至到了吃饭的时间、有很多好吃的诱惑他，他也还是不愿意回家，想要留下来和小伙伴一起玩。

王清初今年4岁半了，每次去学校时都会从家里面带一些零食和玩具，到了学校之后看到其他小朋友，就会大方地将自己的零食和玩具分给他们，但前提是对方要和自己玩。当其他小朋友因为零食和玩具答应和王清初一起玩的时候，她就会开心地说："随便拿吧！"一会儿工夫，所有的零食都被"瓜分"完毕。她便愉快而满足地和小朋友嬉戏追逐。但是王清初也会苦恼地回到家中，对妈妈说："没有人和我玩！"王清初会表现出自己对交往的看法："妈妈，为什么小朋友们有时候和我玩，有时候不和我玩，零食都不能让他们和我玩。"王清初的妈妈不知道该如何安慰孩子，只是紧紧地搂着她，让她感受到妈妈给予她的支持。

有研究表明，儿童人际交往的敏感期首先通过食物产生连接，即"谁

第4讲 别错过智能发展黄金期
——抓住成长敏感期，赋予孩子生命的助力

和我分享零食，谁就是我的好朋友"。但是，两三个月后，儿童就会发现一个秘密，在我没有好吃的东西时候或者他们把自己的好东西吃完后，关系就会很快结束。儿童发现这个秘密之后就会找一个不会消失的东西和周围小朋友建立关系，即玩具。儿童于最初通过分享玩具给对方玩，或和对方交换玩具，或把玩具赠送给对方的方式建立联系。几个月后，很多孩子会发现，把自己的玩具给对方后，对方得到这个玩具后就可能结束玩伴关系。此时儿童再次发现，通过玩具也无法维持一个正常的交往关系。因此，经过几个月的时间后，儿童会再次放弃这样的关系。最终儿童会发现，交朋友必须要和对方有相同爱好和兴趣，或者我喜欢他，或者他喜欢我，或者双方都可以相互理解。志趣相投的人更容易交朋友，和这样的伙伴一起玩才能达到真正的和谐。那么家长该如何引导处在人际交往敏感期的孩子交到好朋友呢？

1. 鼓励孩子平等交友

孩子交友的过程中，家长应该教育孩子信赖朋友、珍惜友谊，避免怨恨、怀疑、敌视他人，也不能无故欺负比自己弱小的孩子。

2. 给孩子处理问题的空间

想让孩子将人际关系的敏感期发展好，就要让他自己完成这样一个周期，在这个过程中，家长应当给孩子空间，让孩子独自处理问题，直到孩子需要成人介入的时候再辅助孩子解决问题。介入时不是告诉孩子该怎么做，而是要倾听孩子说出他们之间的纠纷，让孩子自己找出关系中存在的问题。也就是说，这个阶段的儿童拥有发现、分析和解决问题的权利，同时拥有设计出解决问题的计策与方案的自由。家长千万不要剥夺孩子这样的自由。这样才能让孩子顺利度过人际关系的敏感期，进入下一个周期。

3. 父母要肯定孩子交朋友的行为

如果孩子交到了朋友，家长应该由衷地替孩子开心，并对孩子说："很高兴你交到了自己的朋友，以后要和好朋友分享自己的零食和玩具哦。"或者说："妈妈也想见见你的好朋友，下次妈妈再去学校接你的时候，你要把他介绍给妈妈认识哦。"

4. 如果孩子没有朋友，家长要积极帮孩子找朋友

如果孩子还没有找到朋友，家长应该鼓励孩子和附近的小朋友一起玩，或者和亲戚、朋友家的孩子一起玩，同时适时和孩子讨论他们交往的情况，并帮孩子分析、做出选择。

5. 欢迎孩子的朋友来家里做客

父母应该热情地欢迎孩子的朋友来家里做客，孩子的朋友进门之后，父母应该说"欢迎你"或者"很高兴你来家里玩"，而且要鼓励孩子认真接待自己的朋友，让孩子的朋友可以感到来自孩子家庭的支持和赏识。

6. 引导孩子交正确的朋友

如果孩子陷入不当的交际圈中，父母也不能听之任之，而是要充分利用孩子喜欢交往的心理，正确引导和帮助孩子建立起纯真的友谊。父母应该鼓励孩子积极参加各项有益的活动，但是必须让孩子明白哪些朋友不能交，如果你对孩子的朋友某个方面不满意，要当着孩子的面严肃地说出来。

第4讲 别错过智能发展黄金期
——抓住成长敏感期,赋予孩子生命的助力

视觉敏感期,务必关注孩子的眼力

人们都说,眼睛是心灵的窗户,能够通过眼睛与内心交流。这么说来,我们的视觉就显得尤为重要了。此刻,作为父母,在面对自己的孩子时,也一定想让他拥有这么一双明亮而健康的眼睛吧!

如何培养宝宝的视觉能力,是很多家长都迫切想要知道的。那么,作为父母是否要付出很多努力才行?实际上,这些事情操作起来并不困难,只要是有心的父母都可以顺利完成。所以千万不要因为麻烦而放弃了这绝好的"视觉敏感期"。

佐佐的爸爸是一名优秀的画家,对颜色有着绝对的敏感,他希望自己的儿子将来也能跟自己一样,对颜色和图画有着特殊的天赋。

半岁的佐佐还不会说话,不会走路,心急的佐佐爸爸就开始想方设法地拿各种图画给他看,有时还会讲解自己的作品。但这种做法却得不到佐佐妈妈的认可。

佐佐妈妈说:"孩子还没有意识,现在培养他为时过早,况且孩子看到这些图画一点反应也没有。简直就是耽误时间!"

佐佐爸爸却不以为然:"培养孩子要趁早,别人家的孩子也是趁早接受培养的,即便宝宝看不懂图画也听不懂讲的是什么,可这也算是一种熏陶啊!"

佐佐的爸爸妈妈一直因为这件事而争执不下，已经好几天不说话了。

周末，佐佐爸爸推着佐佐在阳光下散步，心里一直琢磨着：如何才能让宝宝更好地得到培养，将来成为像自己一样优秀的画家呢？走着走着就来到了小区楼下的绿荫下，阳光透过繁茂的树叶洒在树下乘凉的居民身上，甚是安逸。

这时，佐佐爸爸恰好遇见了隔壁的邻居，邻居一见到佐佐立刻跑过来逗个不停。邻居俯下身子看着躺在婴儿车里的佐佐说道："佐佐，干吗呢？嗯，散步呢！"然后又转身对佐佐爸爸说："您家佐佐长得越来越像你啊！将来肯定是个大帅哥！哈哈……"

佐佐爸爸连忙笑道："哪里哪里，您太夸奖了。我只希望他能跟我一样，成为一个画家，喜欢画画就行了。"

邻居拍了拍佐佐爸爸的肩膀安慰道："孩子才这么小，你就惦记他以后当画家了，你可真够有趣的。不过不用担心，将来他肯定能成为一个有用的人！你也别太着急，别把孩子的欢乐时光都拿来学习和画画！"

说完，邻居又俯下身子逗佐佐，佐佐盯着邻居，竟然笑了，看起来可高兴了，小手还到处抓呢！这下可乐坏了邻居，非说将来要认佐佐当干儿子。

佐佐爸爸却觉得奇怪，为什么以前邻居逗儿子的时候，儿子就没这么大反应呢？难道儿子现在开始认人了？他一边质疑，一边也俯下身子观察自己儿子的变化。没想到，儿子看见爸爸也高兴极了，又是笑又是抓……

佐佐爸爸发现，只要自己俯下身子，儿子就会高兴地抓来抓去，但是自己站直了身子，儿子就对自己视而不见。难道儿子是想亲近自己？想到这里，他伸出手，俯下身子，打算和儿子亲昵一下。可他伸出的手在空中，儿子却没有抓住。儿子的手在空中一抓一抓的，正玩得高兴呢！原来

第4讲 别错过智能发展黄金期
——抓住成长敏感期，赋予孩子生命的助力

儿子并非因为自己和邻居而高兴，而是对空气中的某种东西产生了兴趣。

想到这里，佐佐爸爸告别了邻居，推着儿子走到了另外一边，这边的绿荫更多一些，稍微凉快点。他打算在这里好好观察一下儿子究竟对什么感兴趣。不过，奇怪的事情发生了，儿子又恢复了平静，不哭不闹，也不喜不笑了，小手也不到处抓了。

难道儿子只对刚才的地方感兴趣？佐佐爸爸又将佐佐推到刚才的地方，阳光洒在佐佐的身上，没过一会儿，佐佐看着来来往往的人，又开始笑了……

佐佐爸爸仔细地观察着周围的事物，却什么也没有发现，他小声地嘀咕：这里除了阳光，什么也没有啊！难道他对阳光产生了兴趣？

为了证实这一点，他反复地将佐佐推到绿荫处和阳光处，慢慢地他开始相信这个想法了。随后，他推着佐佐回到家里，来到阳台上，又利用太阳的光芒来逗佐佐，果然，佐佐又笑了！他急忙上网搜索这究竟是怎么回事，找了半天才发现，原来这就是传说中的视觉敏感期。

一个婴儿才来到这个世界，任何事物都是新奇的，当黑暗的尽头出现了一个光点（一缕阳光），婴儿就会觉得特别新鲜，所以他们对光明与黑暗相对比的颜色先产生好感。婴儿本能地去接近这个光点，直到这个光点完全把黑暗照亮，婴儿也就完全进入光明的世界了。

许多有经验的家长会在这个阶段给孩子买很多黑白相间的图案来供孩子看，或者利用图画、窗帘、书柜等不透明物体制造出黑白相间、明暗相交的地带引起孩子的高度注意。这样的做法能更好地促进孩子视觉发育，同时孩子对色彩的敏感也会增强。

佐佐爸爸了解了这一情况之后，内心激动万分，他终于找到了培养自己宝宝的合理方法。他将过去有颜色的图画都藏了起来，拿出笔和纸，开始了新的创作。

他一边画画，一边想："难怪我的作品宝宝看了没有反应呢，原来是颜色给错了！以后我要多画一些黑白相间的画，这样儿子就能跟我有更多的交流。"

在日常生活中，父母总是自作主张地培养孩子，自以为方法正确，毫无漏洞，但其实没有什么效果。就好像是吃药一样，虽然我们都会吃药，但一定要清楚自己得的什么病，应该吃什么药才有效果。如果家长在培养孩子成长这方面，没有"对症下药"，那么就会适得其反。

关于"视觉敏感期"的问题，荷兰的专家指出：雌蝴蝶往往会把卵产在树枝和树干交接的地方，这个地方既安全又隐蔽。当它的小宝宝出生之后，幼虫出壳，会对光线非常敏感。光亮吸引住它，它就朝着树梢最亮的地方爬去，而在那里，有着嫩嫩的叶子供它生存。这叫作动物的敏感期。

人类也是一样，刚生下来的孩子会本能地找有光亮的地方，对于一个半岁多的新生儿来讲，在成长的过程中，视觉和味觉对他有着无比重要的作用。

实验证明，人类在早先某个阶段，脑内的神经元需要适宜的环境来与其他神经元发生联系，否则，大脑的发育就会产生不堪的后果——永久性障碍。

曾经有位小朋友单眼失明，但医院却查不到任何眼睛受伤的痕迹，也看不到任何异常。经过反复的检查发现，他的眼睛没有任何问题，应该说是完整健康的眼睛。但究其原因，他看不见是因为小时候经常处在黑暗的生活环境当中，没有在视觉敏感期良好地培养视觉，反而限制了视觉的健康发展。

事实上，宝宝们更喜欢明暗相间、黑白交界的图画或背景，而不是大

第4讲 别错过智能发展黄金期
—— 抓住成长敏感期，赋予孩子生命的助力

人所普遍认为的色彩鲜艳的物体。处在这一阶段的宝宝，更容易被明暗对比强烈的事物吸引注意力，一幅画、窗帘、书柜的书遮蔽阳光形成的阴影是宝宝愿意关注的地方，他们往往会瞪大眼睛全神贯注地盯着这些地方，直到疲惫为止。而由于他的视觉发育并不完善，所以色彩鲜艳的图画对他的视力发展并没有什么太好的效果。

如果家中正巧有一个可爱的、处在"视觉敏感期"的宝宝，可以给孩子布置一个黑白的世界。但是，作为家长一定要学会变通。因为宝宝的成长非常快。他的视觉也会逐渐成熟起来，对身边事物的辨识度也会提高。所以，家长要根据宝宝的变化来改变周围环境对视觉的刺激。

在生活中，不妨多为孩子准备一些黑白色的玩具和卡片。比如，黑白色的扑克牌，黑白色相间的国际象棋，黑白色的靶心图案等，相信孩子一定会非常感兴趣的。

如果宝宝会对镜子、光盘之类反光的东西感兴趣，可千万不要以为他是在臭美，实际上，他是在关注反射的影子。这对刺激宝宝视觉能力可是非常有帮助的。

但是反过来说，如果家长过分地要求自己的孩子，过于频繁地训练，不仅会让孩子产生厌烦的心态，对他的视力缓冲也没有好处，久而久之会让孩子产生视觉上的抵触，也会对视力造成不小的伤害。

音乐敏感期，顺势培养就好

很多父母在看到孩子在某方面崭露头角时，总是迫切地想要将孩子送到专业培训机构，可却没想到，孩子报班以后反而兴趣渐消。究其根由，其实这很可能只是孩子进入了音乐敏感期。

王蒙蒙今年 3 岁了，每次玩具中响起音乐声，她都会开心地手舞足蹈，有时候还会跟着音乐声哼哼几句，妈妈以为这是孩子的天赋，感到很欣慰，想着等蒙蒙再大一点就给她报个钢琴班。但是一段时间之后，通过观察，妈妈发现和蒙蒙年龄相仿的其他小朋友在听到音乐时也会表现得很开心，手舞足蹈。后来通过上网搜索得知，这个年龄阶段的孩子正处在音乐敏感期。从那之后，妈妈经常会鼓励蒙蒙跟着音乐跳舞，或者唱歌给自己听，并没有给蒙蒙报音乐班，而是打算等到蒙蒙自己主动要求时再给她报班学习。

汪旭今年 4 岁了，他对音乐也是颇有兴趣，常常电视机里的动画片一结束，欢快的音乐声响起，他就会跟着哼唱起来："喜洋洋，美洋洋，懒洋洋……""住嘴！唱这么难听，你烦不烦啊！"一旁的妈妈不耐烦地朝着小汪旭吼道，汪旭委屈得眼泪都快掉下来了，心想，妈妈这么大声地训斥我，肯定是我唱得很难听，从那之后，汪旭再也不唱歌了。

璐璐今年 3 岁半了，爸爸妈妈都是高中老师，妈妈是音乐老师。璐璐

第4讲　别错过智能发展黄金期
——抓住成长敏感期，赋予孩子生命的助力

从小在妈妈的熏陶下对音乐表现出了自己的兴趣。每次妈妈弹钢琴的时候她都会非常开心地跟着音乐声跳舞，嘴里还不断发出模仿声。妈妈非常开心，觉得女儿遗传了自己的音乐细胞，于是开始要求女儿每天用稚嫩的手指弹妈妈给她买来的小型电子琴。一个月之后，小璐璐看到电子琴就会哇哇大哭，妈妈生气地说："真没出息，一点都不像我的女儿！"

案例中的3位妈妈，谁的教育方式是对的一目了然。当孩子对乐器发出的声音表现得很兴奋时，就说明他已经进入音乐敏感期。进入这一时期以后，如果家长顺从孩子的意愿，及时让孩子接触音乐，那么他将来的音乐天赋就可能被开发出来。如果家长进行适当的引导，那么孩子将来真有可能成为音乐方面的人才；如果家长对孩子发出的稚嫩歌声表示反感，或者急功近利想要让孩子快点成为音乐家，就很可能扼杀孩子的音乐天赋。孩子处于音乐敏感期时，家长应该谨慎对待，这样才能避免孩子学习音乐的积极性被打消。

1. 分阶段培养孩子的音乐天赋

一般认为，孩子的音乐敏感期在1～5岁，时间跨度较大，培养的方式要有针对性，同时注重分阶段进行。0～2岁，培养孩子对音乐的感知力与领悟力。2岁前的孩子的音乐天赋主要表现在对音乐的敏感性，比如，孩子又哭又闹，听到某段优美的乐曲之后就会停止哭闹，将注意力转移到音乐上。2～3岁，培养宝宝的节奏感。这个年龄段的宝宝听到音乐时会不由自主地随着音乐手舞足蹈，此时家长应该着重培养孩子的节奏感，给他听节奏性比较强的音乐更能吸引他对音乐的兴趣。3～4岁进行正规音乐学习。此时可以让孩子由单纯的节奏练习向旋律、音准方面过渡，同时让孩子配合乐曲接触乐谱。

2. 给孩子营造良好的音乐环境

每个孩子都拥有音乐敏感期，家长应该在这个阶段满足孩子内心对音乐的需求，这样孩子的音乐天赋才能被最大限度开发出来。首先，家长应该为孩子挑选合适的乐器，培养孩子的乐感，防止孩子被某些歌曲中的不良音乐诱导。其次，如果条件允许，家长可以给孩子买些音乐设备，让孩子接触不同的乐器，激发孩子对音乐的兴趣。最后，家长可以和孩子一同欣赏音乐。

3. 不要用成人的眼光评价、打击孩子

孩子处在音乐敏感期，喜欢哼唱，但是对音乐还没有系统地学习，不过这些已经说明孩子在音乐方面有天赋。家长不能以成人的眼光去评价孩子的歌声，更不能打击孩子。案例中汪旭的妈妈对于孩子的哼唱说出了过激的话，可能是因为工作或家务繁忙心情烦躁，所以才无法忍受孩子发出的"噪声"，却不知道无形之中扼杀了孩子的音乐天赋。

4. 不要强迫孩子学习音乐

有的家长在孩子音乐敏感期觉得孩子有音乐方面的天赋就急于培养，强迫孩子每天练习电子琴、识乐谱等，却没想到遭遇了孩子极大的反感，到最后与音乐无缘。要知道，在音乐敏感期，每个孩子都很喜欢音乐，家长千万不能抱着"把孩子培养成音乐家"的心态要求孩子认真学习音乐，否则孩子同样会失去对音乐的兴趣。

第4讲　别错过智能发展黄金期

——抓住成长敏感期，赋予孩子生命的助力

孩子问题多，是思考力在壮大

有个小男孩，经常缠着妈妈给他讲故事。一天，妈妈给他讲聪明的小白兔战胜可恶的大灰狼的故事。他不解地问妈妈："为什么小白兔就是好的，大灰狼就是坏的呢？"妈妈先是愣住，接着打了儿子屁股一下，她声色俱厉地说："笨蛋，这难道还用问吗？这不是显而易见的吗？"

男孩"哇"的一声哭了。妈妈不耐烦，又打了儿子两下说："哭，哭，有什么好哭的，这么笨还好意思哭！"

男孩莫名其妙地挨了打，却不知道自己错在哪里。那天晚上，他躺在床上，心里愤愤地想，你是大人就可以不回答我的问题，就可以不讲理吗？你力气大就可以随便打我吗？从此他不再缠着妈妈讲故事，也失去了听故事思索提问的好奇心，但心中却留下了怨恨。

这位妈妈怎么也不会相信，自己随手一打，不仅剥夺了儿子爱思考的好习惯，也打跑了儿子的自尊心。学问就是"学"和"问"，意思就是一定要学着怎样去问问题。学习不思索、不质疑、不提问，怎么能是真正的学问呢？

孩子能够提出问题，表明他经过了认真的思考。不管孩子提出的问题是多么天真幼稚、多么搞笑、多么不可思议，父母也都要抱以鼓励的态度，保护孩子这种用心思考的精神。

培养孩子勤于思考的习惯，就要认真而有耐性地回答孩子的提问，并给予肯定和鼓励。只有这样，才能激起孩子爱思考的好奇心。

在飞机上，一位妈妈与她的两个孩子一直在讨论一些有趣的问题。比如，飞机怎样飞，飞机上的窗户为什么不能够打开，这么大的飞机是怎么飞上天的，为什么人不会飞，等等。

对于孩子提出的每一个问题，母亲总是耐心地回答。当然，母亲并不能准确回答每一个问题，那她就和孩子热烈地讨论着，孩子的兴趣越来越大，提出了绝大部分成年人没想到而且回答不了的问题。

孩子的好奇心既是孩子思考的温床，也是孩子提问的源泉，所以想要培养孩子勤于思考的习惯，就绝不能扼杀了孩子的好奇心。

孔子在《论语》中告诉人们："学而不思则罔。"洛克威尔曾说："真知灼见，首先来自多思善疑。"先贤哲人都认为，思考是学习的点金术。

正是如此，瓦特看到水开了，在不懈的思考中发明了第一台蒸汽机；牛顿看到苹果落地，经过冥思苦想，发现了万有引力定律……由此可见，善于思考者必定受益无穷。如果父母从孩子小时候起，就培养他勤于思考的习惯，那么这对于孩子的学习、成长将会非常有益。

有一个孩子，从牙牙学语时起，父母就很注意培养他动脑的习惯。父母去商店买油盐，就带上他，让他去看售货员打算盘，做计算。很快，这个孩子对奇妙的阿拉伯数字产生了浓厚的兴趣。回到家，父母便教他学习简单的加减法。

过春节，父母忙着做汤圆，母亲便问他："数一数，做了多少个？"

"28个！"这个孩子一一数完后，响亮地回答。

"再做几个，每人就能都吃到10个汤圆呢？"母亲启发他。

"再做两个就够了！"

第4讲 别错过智能发展黄金期
——抓住成长敏感期，赋予孩子生命的助力

当这个孩子再长大一些，父母就让他独自到店里买油打醋。每次买东西回来，他都把账报得一清二楚。就是这种让孩子处理问题的方法培养了他勤于思考的习惯。

这个孩子就是在15岁顺利考上中国科技大学的施展。

由此可见，培养孩子勤于思考的好习惯，非常有益于孩子的学习和成长。善于思考是一种好习惯，它能传承精华，去除糟粕，是孕育智慧的火花。家长绝不能因为孩子的问题繁多、幼稚，而熄灭了孩子孕育智慧的火花。

习惯从小抓，教孩子做事有计划

亮亮是个活泼好动的小男孩，细心的妈妈却发现亮亮做事有点盲目。比如画画，亮亮总是拿起画笔，想都不想就左一个圈、右一个圆的，问他画什么，亮亮总是摇摇头说："哎呀，别问了，我也不知道画了什么！"

周末，邻居浩浩来家里玩，他们一起堆起了积木。不一会儿，浩浩就搭了一座漂亮的红顶屋。回头看看亮亮，只见亮亮煞有介事地拿着积木堆来堆去，可是一直摆到最后一块积木，也没看出亮亮搭的是什么。浩浩问："亮亮，你这是什么呀？""我也不知道搭了个什么。"看着浩浩搭的漂亮的小房子，亮亮心里又是佩服又是难过。

生活中，类似的场景想必爸爸妈妈们并不陌生，做事没计划的孩子总是会把自己的生活搞得一团糟，比如：

早晨一起床，孩子就把房间翻得一团糟，你问他在干什么，他很着急地告诉你："我的袜子呢？妈妈，快帮我找找，马上要迟到了。"

还不到月末，孩子常常会低着头对你说："妈妈，我的零花钱花光了。"你问他："那么多钱，你是怎么花的？"孩子很委屈地告诉你："我也不知道，花着花着钱就没了。"

每到考试临近的时候，孩子就会忙成一团麻，早晨起大早背书，晚上复习功课到深夜。你劝孩子要注意身体，他会委屈地告诉你："我还没有复习完呢，我要是早点复习就好了。"

凡此种种，无不是令家长们头痛的问题。其实，要解决这些问题并不难，最好的办法就是教会孩子做事有计划性，即对自己要做的事情有具体的时间规定，有准备、有措施、有安排、有步骤。

壮壮因为学习成绩不好，常被同学们嘲笑，又因为壮壮很活泼好动，老师也对他感到头痛。每天在学校里，壮壮都有种度日如年的感觉，为了减轻自己的痛苦，他不愿意去上学。妈妈知道这种情况以后，帮他分析了当前的形势，帮他做了学习计划，并对他说："爸爸妈妈不要求你一开始就能拿第一名，按着学习计划做，每次进步一点点就可以。"

在妈妈和学习计划的引领下，壮壮渐渐地喜欢上了学习……

由壮壮的事情我们可以看出，对于孩子来说，做事有计划是非常重要的。

俗话说："三岁看大，七岁看老。"幼儿期是各种行为习惯形成的关键时期，从小培养孩子做事有计划、有条理，对孩子终身的学习、工作、生活都是十分有益的。反之，如果忽视这方面的培养，则是为盲目、紊乱的不良行为开了绿灯。一旦形成习惯，则很难纠正。

第4讲　别错过智能发展黄金期
——抓住成长敏感期，赋予孩子生命的助力

那么，爸爸妈妈们应该怎样培养孩子做事的计划性呢？

1．为孩子提供有计划有条理的环境与榜样

爸爸妈妈首先应做到有条理性地做事，让孩子耳濡目染，这种潜移默化的影响是培养孩子做事有计划性的前提。

2．有意识地让孩子参与讨论一些事情的计划安排

比如，周末的活动安排可以让孩子参与讨论：上午和爸爸妈妈一起做家务，下午去少年宫，然后去看爷爷奶奶……鼓励孩子发表自己的意见，如果孩子的意见合理，则予以肯定；如果孩子的意见不合适，则可帮他分析。例如，孩子提议先看爷爷奶奶再去少年宫，则帮他分析，少年宫有一定的时间限制，去晚了不能入场，所以还是先去少年宫再看爷爷奶奶。这样的讨论可以使孩子明白做事为什么要有计划，怎样做事才算有计划。

3．借助收拾物品训练孩子的条理性

爸爸妈妈做家务整理时，可以让孩子参与进来做小帮手，这是培养孩子劳动观念与技能的途径，也是一个让孩子亲眼观摩父母分类摆放、物归原处、井井有条的好习惯的机会。在熟悉了大人衣物、用具、书籍等东西的整理方式后，父母可以给孩子买几个整理箱和一个抽屉式文件柜，让孩子尝试着整理自己的玩具、用品，学会做标记、贴标签、分类放、摆整齐，以后逐步拓展到自己收书包、摆书架、理衣柜，再到自己准备活动用品等。如果家长能够持之以恒地影响与培育孩子，孩子就会从收放物品中体会到条理性的意义与技巧。

4．孩子在活动体验中调整计划

孩子由于生活经验较少，所做的计划未必合乎情理，爸爸妈妈不要急于求成。不妨让孩子在活动中深切体验，从结果的反馈中去调整计划。比如，一家人要去旅游，可以让孩子自己做决定带哪些东西，孩子的安排可

能是正确的，也可能不周全，爸爸妈妈暂且不要代劳，让孩子在旅游时体验，孩子可能深刻感受到单肩包的肩带总是下滑不适合行走，吃的东西带得太多会很累赘，没带玩的东西很无聊，不带饮用水实在渴得慌，等等。回来以后，与孩子交流这些体验，孩子一定能够从中受益，这些被整理的生活经验就可能被孩子用到下次旅游计划中，从而自然地对原有计划做出调整。

5. 注意持之以恒

一个习惯的形成关键在持之以恒，因此应经常坚持对孩子计划性的要求，并强化这种要求。当孩子有计划地做事，在完成好的时候，应给予鼓励，并使幼儿意识到计划与效果密切相关，久而久之，幼儿就会习惯于做事有计划有条理了。

从小教孩子理财，以免他穷在未来

理财能力不仅是成人生存能力的重要组成部分，也是每个孩子应具备的基本素质。再多的钱，如果不教会孩子打理，总会有被孩子花光的一天；如果教给孩子理财之道，他们将会得到一生用不尽的财富。

沃尔玛公司的董事长山姆·沃尔顿，就是一个善于教导孩子理财之道的人。他所在的沃尔顿家族是世界上最富有的家族之一，但他却是一个很俭朴的人，他对子女的勤俭教育同洛克菲勒家族一样，与其所拥有的巨额

第4讲　别错过智能发展黄金期
——抓住成长敏感期，赋予孩子生命的助力

财富形成巨大反差。

这位大富豪老沃尔顿根本就不给孩子们零花钱，而是要求他们自己挣，并培养他们理财的能力。那时，每个孩子都开始帮父亲干活，他们在商店里打工，跪在地上擦地板，修补漏雨的房顶，夜间帮助卸车，父亲付给他们的工钱同工人们一样多。

罗布森作为沃尔顿家的老大，刚刚成年的他就考取了驾驶执照。在以后的日子里，他就在夜间向各个零售点运送商品。

父亲让他们将部分收入变成商店的股份。商店事业兴旺以后，孩子们的微薄投资变成了不小的初级资本。到大学毕业时，罗布森已经可以用自己的钱买房子了，并且有余钱给房子配备豪华的家具。

罗布森·沃尔顿能够拥有豪华的房子，完全是凭自己认真理财而得，而不是父母所给予的。而且他在将来能够将沃尔玛发展壮大，拥有一生用不尽的财富，无不和父亲教给他的理财观念有关。

反观国内，却很少见有一个家庭去培养孩子理财。家长们普遍认为挣钱养家和管理钱财是大人们的事，孩子离这些还远得很。他们总是无偿向子女们提供一些钱财，一直无条件地满足子女的花钱要求。

小明的家里非常富有。在小明的兜里，经常放有几百元现金，平时还爱给同学钱花，是学校里有名的学生大款。小明的爸妈是做生意的，但由于生意很忙，时常照顾不到小明，于是每次都给小明很多钱，让他自己买东西，想怎么花就怎么花，想买什么就买什么。常常是小明身上的钱还没花完，父母就又给了很多。

至于小明的钱都是怎么花的，父母从来不过问。对小明而言，钱反正是从来不会缺的，而小明的父母认为，挣钱就是为了让儿子花的。

说到对小明的理财教育，这个家庭可以说是一片空白，小明也根本不知道把钱规划使用,他从来就没有理财意识。

培养孩子善于理财的观念,就应让他们从小养成理财的习惯。这可以从家庭日常生活用钱做起,不妨让孩子当一当家庭的"小管家"。

昊昊从小娇生惯养,平时想买什么就买什么,买东西还要讲品牌。外出吃饭,小店从来不去。更令人担忧的是,他小小年纪就学会了攀比,总是说谁的东西更高档,价钱更贵,他也要。

刚开始,父母还觉得他聪明,知道要好东西,养成习惯后,才知道对孩子的成长很不利。自从学校开展理财教育以来,班主任就主动找到家长,让他们配合教育。

首先是让昊昊学会记生活账,让他自己记录每天用的钱,一星期整理一次,做小结,哪些钱不该花,下次改正。

然后让昊昊到爸爸妈妈上班的地方感受爸爸妈妈挣钱的辛苦。昊昊的妈妈还把一个月的工资和工资单交给儿子保管,让他用这笔工资来安排家中一个月的开支,让孩子意识到对家庭的责任。

妈妈把每天用掉的钱让孩子记到账本上,然后从孩子那里领取花掉的钱。这样,昊昊看着口袋里的钱慢慢变少,开始急起来,说:"妈妈,我们不要去吃西餐了,钱快不够用了。""妈妈,这个玩具太贵,不买了,钱不够用了……"

从那以后,他渐渐改掉了在学校乱花钱的坏习惯,买东西时对钱也不再那么无所谓了,俨然一个"小管家"。

昊昊最后成为善于理财的"小管家",就是因为家长积极配合了学校的理财教育,使孩子明白了钱来之不易,不能乱花钱,从而学会了正确的理财方法。

培养孩子的理财能力,家长还可以参照以下几点去做:

第4讲 别错过智能发展黄金期
—— 抓住成长敏感期，赋予孩子生命的助力

1. 让孩子学会花钱

让孩子有计划、有节制地花钱，这是理财教育中的首要内容。想要让孩子管理自己的金钱和有计划地花钱，父母就需要让孩子知道，花钱也是要负责任的。比如，孩子想要买一样东西，父母就要让孩子知道，自己想要买的东西，除非是和学习、健康成长有关的，要不然，父母是不会资助的。

2. 让孩子学会赚钱

父母要让孩子学会靠自己的付出来获得收入，这样做就是让孩子明白，如果想要有钱，就必须靠自己去挣，钱是不可能从天上掉下来的。在一些西方国家，如果孩子觉得父母给的零花钱不够多，他们就会外出打工，自己去挣钱。然而，在我国这种情况还是非常少的。其实，让孩子去打工，并不是让孩子维持生活，而是让孩子通过工作获得一些经验。

3. 让孩子学会存钱

当孩子懂得了怎么去花钱，如何去赚钱之后，接下来，父母就要让孩子学会去存钱。因为生活中经常会遇到因缺钱而一时解决不了事情的问题。如果能够把钱存起来，当想要买东西或是做事情的时候就不用因为缺钱而让自己遗憾了。其实，就算是没有什么东西想要买，父母也要让孩子学会存钱，不要让孩子一拿到钱就花掉，要养成他们懂得存钱的好习惯。

※ 智杰点津：孩子手巧，心才灵

对于这一代在电子时代长大，四体不勤、五谷不分，以至于常有思想懒惰、精神萎靡通病的独生子女，儿童教育专家建议：培养全面发展的孩子，要从培养他们的动手能力开始。

如今一些拥有先进办学理念的中小学校，极为重视手工和实验科目的开展，让学生从小就养成动手动脑的品质，因为"手巧"能使人"心灵"。

从生理学上分析，手和脑有着最直接、最紧密的神经联系，大脑是高级神经中枢，其中有很大一个区域是与手的活动相连的。这个区域比大脑中与整个内脏相连的区域还要大，仅一个手指在大脑中所"占据的地盘"，就超过一条大腿所能拥有的"面积"。脑科学已经证明，动手动脑，用丰富的信息刺激大脑神经元（神经细胞），神经元就个大、体重，细胞质成分齐全，神经纤维生长又多又密，能连接成无比庞大的神经信息网络。

不仅如此，劳作时刻改变着眼前的情景，最易激发人脑另一区域主管的非智力功能，使其迅速调动并参与进来，如动机、情绪、兴趣、意志等，此时大脑就显得异常兴奋和活跃。所以，人在做事时，特别是进行有兴趣的实验、操作时，往往废寝忘食，时间似乎转瞬即逝。在良好的非智力功能的"鼓舞"和"保护"下，智力也在不知不觉之中受到高强度的锻炼。

动手的好处这么多，可是有的孩子就是不愿意去"动"，这时家长们应该怎么办呢？强迫肯定是收不到好效果的，聪明的家长，可以通过一步一步的诱导，让孩子自发地爱上手工。圣诞节之前，在英国的一个普通人家

第4讲 别错过智能发展黄金期
——抓住成长敏感期,赋予孩子生命的助力

里,女主人让两个孩子到小客厅来,说有一个好主意要告诉孩子们。

孩子们进去后,大女儿一见妈妈立刻叫了起来:"哦,妈妈,你有什么好主意?快说来听听吧。"

听到姐姐发话,弟弟也开始不安分地对着妈妈嚷嚷起来。看着孩子们兴奋的模样,女主人温柔地对孩子说道:"哦!我的孩子们,快乐的圣诞节马上就要到了,你们想不想用我们的双手来创造更多的快乐呢?今天我们自己动手来制作一些圣诞礼物送给你们的爸爸、爷爷和其他人。你们觉得这个主意怎么样啊?"

"哦,妈妈,还是不要吧。前几天,我在一家商店里发现了一件非常漂亮的圣诞玩具,我非常喜欢它。如果我们自己动手制作,一定没有商店里卖的那么漂亮!"儿子第一个站出来反对妈妈自己动手的意见。"嗨,别打岔,我可想自己动手做一件有意义的礼物!你这家伙,是想偷懒还是觉得你口袋里的钱太多了?"姐姐马上反驳弟弟。听了姐姐的话,弟弟不再吱声了,可能他认为姐姐说的话有道理吧。

女主人微笑着看两个孩子争论,等他们都不说话了,就把两个孩子拉到身边,围坐在一起。她温柔地对孩子们说:"哦,尼雅说得对,街上商店里卖的礼物是很漂亮,也很吸引人。但是,如果我们亲手来做礼物,将会有不一样的感觉。如果不信,我们可以来试一试。""好吧,妈妈,那我就来做个圣诞玩具吧。"儿子点点头说。姐姐尼雅兴奋地说:"妈妈,我要做一顶很大的红帽子,挂在我们家的窗户边!"

"好的,好的,你们的愿望一定可以实现的。"女主人笑着对孩子们说道。

然后,女主人带着孩子们搜寻来一大堆的东西,什么彩笔、棉花、废旧的布条、激光纸、小棍儿、胶水、针线等,都是一些废弃物,他们要进行一场变废为宝的活动!

两个孩子各自从中挑选了一些自己需要的材料,开始各司其职。一个拿刀裁剪红布,一个拿针线缝着布边。孩子们干活的架势,竟然有板有眼、像模像样!

一天的时间很快过去了,一件件蹩脚却装满孩子们无限爱心和美好愿望的圣诞礼物终于诞生了。

女主人仔细地观赏着每一件在别人眼中简陋不堪的作品,那神情却像鉴赏伊丽莎白二世王冠上的奇珍异宝一般惊喜。"太棒了,真不敢想象,你们小小的年纪,做出的礼物这么棒!你们的爸爸和爷爷,还有其他收到你们礼物的人,他们一定会很高兴!"

听了母亲的赞扬,两个孩子的脸上也洋溢着快乐的光芒,他们甚至想明天再多做一些送给其他人。

要培养孩子们动手的热情,首先,家长自己要对这件事情充满热心。否则,一项有趣的、有意义的操作,就变成一种无可奈何的任务,孩子们又怎么能提起兴趣呢?

其实,家长们要学习那位英国母亲鼓动孩子的技巧也并不难,只要认识到动手对于孩子大脑发育,以及对于他们日后的适应能力与协调能力发展的重要意义,不把"动手"当成可做可不做的小事,鼓励孩子的热情就会自然产生。而父母的态度,也将会对孩子们产生强烈的感染力。

手工操作对于孩子们意义深远。其一,教育应该强调人的整体发展,即身、心的和谐发展,双手的劳动创造,即是塑造自己的组织器官,使人心灵手巧。其二,让孩子们通过手工劳动,了解人类社会发展的基本过程。其三,手工是艺术和生活的最高体现,是培养想象力、创造力和艺术素养的重要手段。

第5讲 **爱与智慧的对谈**
　　——潜入灵魂去沟通，陪孩子走好每一步

※ 世上最远的距离，是我生了你，却相对无语；
※ 世上最痛心的关系，是我养育你，你却视我为敌；
※ 其实我们应该好好谈谈，就像一起长大的朋友那样。

亲子矛盾，主要是爸妈的错

孩子听你的话，如果是因为你人高马大，那么就是你教育的失败；如果你放弃权力，放弃你的优越感，那么你得到孩子的信任和尊敬的机会就更大。这才是真正有效的教育。父母要学会放下架子，蹲下去和孩子交谈，这样孩子就会快乐，身心就会健康。

其实，孩子和父母的隔阂往往是成人自己造成的。你把自己凌驾于孩子之上，不管对错全要孩子接受，孩子怎么会服气呢？他会这样想，为什么我做错事要挨打，妈妈做错了事却没人罚？就凭你比我大吗？父母们这样做，压根就没有考虑过孩子的感受，从心理上分析，这是父母在显示自己作为父母的权利，标榜自己作为父母的身份、年龄与体力，而弱小的孩子当然抗争不过。结果，孩子就只能用沉默或是叛逆来反抗。这种亲子间不平等的交往会导致亲子关系急速恶化，甚至会发展到不可收拾的地步。

有一个中学生在日记里写道："在家里，我没有幸福的感觉，最近常常会有离家出走的想法。"

他的母亲说："儿子小时候很乖，不管大人如何打骂，从来不顶嘴。"

他的邻居说："这母子俩现在根本不说话，难得说几句话也会很快就吵起来，接着便听到母亲声嘶力竭斥骂儿子的声音。"

他本人说："我中考没考好，妈妈想花些钱让我去重点高中，而我想

第5讲 爱与智慧的对谈
——潜入灵魂去沟通，陪孩子走好每一步

去普通高中学习，因为这个，我们之间发生了前所未有的激烈争吵；我喜欢打篮球、踢足球，可是，妈妈从来不让我出去玩，整天就知道让我学习、学习。她根本就不尊重我的自由，我真的不想再看到她了，还是外面好，至少没人整天管着我。"

这母子俩矛盾爆发的根本原因就在于，做母亲的压根没有站在儿子的角度上考虑问题。她尚不觉得儿子是一个独立的个体，不觉得他应该有自己的思想、自己的判断力，不觉得他需要发展自己的兴趣和愿望，她一味地以自己的尺度来限制孩子，这样非但管不好孩子，反而会让孩子滋生对立情绪。所以，在教育孩子的过程中，家长必须放下架子，成为孩子的玩伴和忠实的朋友。要知道，教育的本身意味着伴随和支持。

给家长们提几条建议：

（1）父母对孩子要宽严适度。父母既不能为了赢得孩子的开心和笑容，就对孩子的缺点、错误放任自流，听之任之，连不合理的要求也违心地满足；也不能时时处处苛求孩子，把孩子与同伴进行横向比较，甚至拿孩子的短处去比同伴的长处。父母要注意进行纵向比较，一旦发现孩子的闪光处和点滴进步，就要及时加以鼓励。

（2）父母要尊重孩子，认识到孩子也是一个独立的个体，也有自己的情感和需要。父母要放下架子，"蹲"下身来与孩子讲话，尽量减少"威严感"，增加"亲切感"，让孩子感觉到父母和自己是平等的。

（3）父母对待孩子要讲文明礼貌，不打骂孩子。一旦孩子有了成绩，做了好事，父母就要表示祝贺，绝不吝啬。

（4）父母要勇于承认自己的错误。当父母意识到自己对孩子可能讲错了话、做错了事，要勇于向孩子承认错误并及时道歉。这不但不会降低自己在孩子心目中的威信，反而会使孩子感到父母更加可亲可敬。

把姿态放低，孩子才愿意亲近你

很多家长常困惑地问："为什么孩子有话不愿意对我说？"其实原因就是家长们总是爱摆出一副高高在上的样子，因此孩子们尊敬他们，但却无法理解他们，总觉得跟爸爸妈妈缺少"共同语言"。如果家长期望孩子能够接受自己、接近自己，那么就必须要放下高姿态，在家庭中建立起民主、平等的良好气氛。

在美国，父母们认为，大人必须平等地对待孩子，和孩子成为好朋友，才能成为称职的家长，才能教育好孩子。我们可以看一下，一位美国爸爸是怎样教育他的孩子的：

弗兰克是美国阿肯色州的自由职业者，他在教育孩子方面下了很多功夫。他说自己一直在努力为孩子提供一种民主的家庭气氛，他和孩子的关系就像朋友一样友好亲密。

对孩子的平等姿态是良好沟通的开始，他将孩子描述理想的作文保留下来，将孩子们的学习成绩、身高等按逐年变化绘制成曲线图，从小就教他们唱歌、游泳、划船、钓鱼，带他们到博物馆参观、看展览、听歌剧，有空还带他们到大自然中去呼吸新鲜空气……

在各种活动中，他不会因为自己是家长就不容置疑，摆出什么都对、什么都懂的样子，而是尽量去做能给予孩子知识和欢乐的最知心、最亲

第5讲 爱与智慧的对谈
——潜入灵魂去沟通，陪孩子走好每一步

密、最可信赖的朋友。遇到比如搬家、换工作、买车之类的事情时，他就会召开家庭会议，与妈妈一起和孩子商量该怎么做；还组织家庭音乐会，并将每个人唱的录制在电脑中。由于家庭气氛民主和谐，孩子们生活得无忧无虑。

这样，他的孩子有事就会跟爸爸妈妈讲，从不在心里放着，出门说"再见"，进门先打招呼，做饭当帮手，饭后洗碗、擦桌、扫地；平时买菜、洗菜，给父母盛饭、端汤、拿报纸、捶背；有时父母批评过了头，他们也不会当面顶撞，而是过后再解释。他常对孩子讲："我们是父子，也是朋友，我和妈妈有义务培养教育你们，也应该得到你们的帮助，你们长大了，会发现我们有很多的不足之处，发现我们很多地方不如你们，这是正常的。因此，我们要像朋友一样互相谅解，互相帮助。"

在这个美国家庭中，不管是家长，还是孩子，都是平等的，孩子提出的看法，爸爸妈妈都认真考虑，有道理的就接受；而爸爸妈妈的想法也都和孩子讲，共同商讨。这样，就让孩子觉得自己在家里有地位，受重视，所以也就对家庭更加关心。

如果中国的父母也都能这样运用对等手段与孩子相处，也许就不会有那么多家庭问题了。家长与孩子之间不应是统治与被统治的关系，而应像朋友一样平等、自由。当然，这并不意味着家长要完全迁就孩子，好爸妈还是要负起引导的责任。

让沟通对等，还给孩子发言权

在中国的许多家庭里，有个很奇怪的现象。一方面，父母对孩子很娇惯，对孩子的物质要求有求必应；另一方面，父母却从不把孩子当作一个有思想、有主见的人，也不考虑对孩子的做法是否恰当，孩子可能会有什么想法。因为他们是家长，就似乎一切做法都是应该的、合理的。

这样在孩子身上会产生一种什么样的后果呢？

有一个孩子叫肖佳奇，他已经是小学六年级的学生，马上就要升中学了。可是，他却不善于语言表达，在众人面前，一说话就脸红。

孩子为什么会这么忸怩呢？

原来肖佳奇的父母自有一套教育、管理孩子的办法。

有客人来肖佳奇家做客，肖佳奇的父母要求孩子要有礼貌，要懂事，大人们说话时，小孩子不许乱插嘴，最好是到别的地方去玩，让大人们清静地说话。

即使是只有一家三口的时候，肖佳奇的话也时常被打断。比如，当孩子兴高采烈地说着什么时，父母却要不时地打断孩子，纠正他的发音、用词，或者批评他的某个想法等，令孩子兴味全无。

即使是成人，当自己的发言屡遭别人打断或反驳时，也会兴致大伤，缄口不言。因此，这种做法必然会影响孩子个性和能力的发展。

第5讲 爱与智慧的对谈
—— 潜入灵魂去沟通，陪孩子走好每一步

多数孩子逐渐变得不愿独立思考、自主行事。这很自然，既然动脑子出主意受到批评指责，又何必自讨苦吃呢？

可是，正如例子中所说的，家长不时地打断孩子的讲话，甚至阻止孩子讲话，不给孩子发言的机会，不把孩子当成有思想的人，也就不会用心去体会孩子的思想，去了解孩子内心的想法，而他们还会认为自己尽到了他们管教子女的责任。

于是到后来，这样的父母往往会抱怨说：

"这孩子怎么不像别人家的小孩那么机灵？"

"这孩子怎么反应这么迟钝啊！"

"这孩子真倔，什么都自己做主，从不听大人的意见。"

"他一点儿主见也没有，到底该怎么办，他自己竟然不知道。"

这能怪谁呢？这是自食其果。

父母打断孩子的话，或阻止孩子讲话，使孩子的思想表达不出来，使孩子的意见不能发表出来，这样父母不能了解孩子，不能给予孩子恰当的指导，对孩子成长极为不利。一些孩子变得不善口头表达，变得没有主见、怯懦、退缩；而另外一些孩子却变得独断、盲动，听不进别人的意见。

家长应当把孩子当成是一个有思想的独立个体，给孩子对等的地位，尊重孩子说话的权利。教育学家认为，只有平等的、民主的家庭才能产生具有独立意识、乐观积极的孩子，而专制的家庭只能培养出唯唯诺诺的庸才。

有一个孩子内向、胆怯，他的父母很头疼。后来心理医生建议这对父母在与孩子沟通时，运用对等的手段，就是说把孩子当成与自己地位相等的人一样来尊重，鼓励孩子说话。这对父母半信半疑地试了一段时间后，惊喜地发现孩子的话多了起来，老师也告诉他们，孩子在学校里也比较敢于表达自己的意见了。

父母应真正地给予孩子平等的地位，不打断孩子的讲话，给孩子发言的机会，把孩子当成有思想的人，用心体会孩子的思想，了解孩子内心的想法，这才是真正尽到了教育子女的责任。

开明的父母应该给孩子对等的地位，鼓励孩子发言，锻炼孩子的语言表达能力，让亲子之间顺畅沟通。

与孩子交心，亲子沟通很开心

很多父母常抱怨很难和孩子沟通，其实不是孩子难沟通，而是父母的要求是不公平的：他们要求了解孩子的内心世界，但却不愿意向孩子敞开自己的心扉。心理学家认为，如果父母能够多向孩子袒露真实的自己，那么孩子一定会被父母打动，实现良好的亲子沟通。

一些家长在与孩子交流时会说："你到底怎么想的？你为什么要这样做？"或者干脆说："不要那样做，听我的不会错！"事实上，家长们的这类说教往往不能让孩子接受，他们会想："你们高高在上，只懂得对我说教，你根本就不理解我！"家长们应该明白，这种单向的交流，单向的沟通是不够的，爸爸妈妈也应当向孩子敞开心扉，让孩子知道你的所想所感，只有这些真挚的东西才能教育孩子，让孩子乐于接受。

第5讲　爱与智慧的对谈
——潜入灵魂去沟通，陪孩子走好每一步

1. 把你的喜怒哀乐表现出来

一些家长总是习惯在孩子面前藏起自己的情绪，其实这样做反而会和孩子产生距离感，如果爸爸妈妈能把真实的自己呈现给孩子，那么，孩子一定会更愿意接受你的教导。

孩子遇到烦恼、失败与挫折，或者与父母发生矛盾时，父母不妨利用这个机会，坦诚地将自己的喜、怒、哀、乐种种情绪倾诉出来。

有一个孩子读书不用功，甚至连作业也不愿做，爸爸无论责备或鼓励，都是徒劳。孩子总是将爸爸的话当作耳边风，每天放学回家，不是躺在床上睡觉，便是玩手机。

一天，爸爸又苦口婆心地劝孩子专心做作业，孩子仍然是一边做，一边玩。爸爸看到孩子爱理不理的态度，越说越气愤，越说越失望，最后，无奈地对孩子说："是爸爸不好，爸爸没有用，爸爸以后不会再向你唠叨了。"然后默默地返回自己的房间。

想不到孩子听到爸爸这番发自内心的话后，反而感动起来，走到父母的房间，低着头对爸爸说："爸爸，我错了，我以后会很用功地读书，不会再让你和妈妈伤心了。"

显而易见，有时用这种表现内心难过的真挚态度教诲孩子，比说教或责骂会来得更有效。

和孩子交心，就得让他知道，孩子的喜怒哀乐也就是爸爸妈妈的喜怒哀乐，这一点在亲子沟通中是不容忽视的。

2. 跟孩子谈谈自己的经历

爸爸妈妈们不必刻意呈现最好的一面，也可以将自己失败和挫折的经历向孩子坦言相告：自己曾有过什么抱负、梦想与目标，曾经因为自己所犯的错误而付出过多少代价，怎样由许多失败、痛苦，而累积到经验，终

于走向成功的道路,等等,这一切都可以向孩子尽情倾诉。

有一位父亲,幼年时代家境清贫,最后凭自己的努力完成了大学课程,成为一个出色的医生,他这样告诉孩子有关自己的奋斗史:"爸爸中学毕业后没有机会再继续读高中,只有一边工作,一边自学,有时假日和晚上的睡眠时间也要用来温习书本。爸爸还要储备一笔生活费给家里人,然后辞去工作,专心应付考试,最后才读上了大学。"

孩子很专注地听了父亲的经历,并从中受到了深深的触动。

总之,沟通应该是相互的,不要以为把自己的见解和要求说给孩子就是沟通,你还应该让孩子更多地了解你。

向孩子敞开心扉,多谈谈自己的梦想、成功和失败,这样做不会降低你身为家长的威严,只会让孩子更尊敬你,更爱戴你。

你愿意倾听,孩子才吐露心声

很多孩子都有这样的抱怨:"每次我和爸爸妈妈意见不一致的时候,他们都会用气势来压人,不给我说话的机会,有时候根本不是他们说的那回事。""爸爸经常一个人否定我所有想法"。的确,很多家长都存在这样的问题,不问缘由地对孩子乱发脾气。从严格意义上说,这种做法严重违背了教育宗旨。

一天晚上,一位30多岁的女士向公安局报案,声称自己的女儿被坏

第5讲 爱与智慧的对谈
——潜入灵魂去沟通，陪孩子走好每一步

人胁迫偷走了家里的两万元。在派出所，14岁的孟娇，也就是报案的那位女士的女儿一言不发。无论妈妈怎么责问女儿，苦口婆心地说自己赚那两万元多么不容易，女儿就是不为所动。后来一位20岁出头的公安局民警主动和小姑娘"套近乎"，和她谈了几句当下热门的明星和流行的服饰，两个人就熟络起来，1个小时之后就变得无话不谈了。

  孟娇告诉那位警察，自己偷来的妈妈的那两万块钱除了买了一部两千块钱的手机，剩下的钱一分都没动。案发前一天晚上她和朋友通电话的时候，妈妈因为她聊天的时间长大声训斥她，自己的那位朋友听到了很不开心，挂掉电话之后她就和妈妈起了争执，当晚谁也没理谁。第二天，她看到妈妈往衣柜里放了一沓钱，就趁着妈妈不在家把钱偷走了，自己买了一部新手机，办了新号，这样以后打电话就不会被妈妈监视了。

  民警将孟娇的话告诉了她的妈妈，并嘱咐她妈妈好好和她沟通，妈妈针对这件事向女儿表示了歉意，告诉女儿以后一定会尊重她的朋友，再也不会那么做了。孟娇也觉得自己的行为有些过激，从自己卧室的床底下拿出了装钱的鞋盒子，一场母女之间的误会风波就此结束。

  可以看出，孟娇不是什么"坏孩子"，也并没有妈妈说的那样被人胁迫。只是因为妈妈没有尊重她的朋友而激发了她的"报复"心理，而妈妈后来直接武断地认为女儿被胁迫偷钱更加疏远了母女之间的距离。直到最后，有人愿意倾听她的心声，她才把这一切吐露出来，一场误会才得以解除。

  父母是孩子的第一任老师，也是孩子成长过程中接触时间最长的朋友，在孩子成长的过程中，最需要父母的关心，也最愿意和父母交流，特别是对于进入青春期的孩子来说，这种交流更是非常必需的。这个阶段的孩子自我意识加强，渴望挣脱父母的束缚，如果缺乏父母的理解，亲子关

系就会变得紧张，甚至不利于孩子的健康成长。父母不愿意倾听、理解孩子，最终可能导致丧失倾听的机会，到最后孩子什么都不愿意和父母说了。

那么家长究竟应该怎么做呢？

1. 在孩子情绪好的时候进行交流

每个人在高兴的时候都更容易接受别人的意见。当孩子处于兴奋状态的时候，家长和他交流最容易。这个时候家长能够利用他的情绪，来让他讲一下班级里发生的趣事，从而引起话题。如果不高兴的时候，家长也能够通过及时的关心来了解到底是什么事情使他不高兴。

2. 有一个固定的交流时间

可以选在吃饭的时候，或者睡觉以前。可能吃饭的时候讲话不算是一个好的习惯，但是有的孩子确实在吃饭的时候注意力比较集中，情绪也比较高涨，家长可以利用这个机会来多了解下他的学习状态以及学校中的生活。而在睡觉以前，短暂地聊会天，既是对一整天的一个小总结，也能够使孩子睡得更踏实和香甜，即使是在做梦，也会感觉到有爸爸妈妈陪着自己，心里有一种安全感。在孩子3～4岁的时候，他的秩序感发展得很迅速，总在一个固定的时间做相同的事情，能够使孩子感觉到安全感。

3. 孩子不愿意说的时候，不要强求

有的时候孩子不愿意说了，家长可以装作彼此欢快地聊天的样子，可以抢着说出自己的情况。这个时候孩子不甘于被冷落在角落里，往往会主动地凑上前来，"听我说，我也有故事要讲"。

4. 父母要放下强烈的自我意识

父母要懂得亲近孩子、了解孩子，只有这样才能倾听到孩子的意见、想法。发现孩子的问题时，要用积极的态度帮助孩子解决问题。无论孩子表现得多么失控，父母都要控制好自己的情绪，冷静处理。如果父母发现自己的情绪也跟着失控起来，可以做做深呼吸，平静自己的心情，之后再心平气和地跟孩子说话。处理负面状态时，不宜谈谁对谁错，因为没有人愿意承认自己是错的，如果此时在谁对谁错上争论，只会进一步恶化双方的关系。可以用"对不起""我爱你"等词语去抚平激动的心，等到双方情绪稳定下来再继续谈事情。

巧妙问话，套出孩子心里话

父母与子女的沟通，应该是随时随地进行的，例如，饭桌上闲聊，卧室里谈心，孩子刚刚放学时的询问，这些都是了解孩子、增进亲子关系的好时机。与孩子交谈，首先要制造一种和谐的气氛，如说句笑话，讲点令人高兴的事情，这样可以拉近感情距离，效果就会好得多。

交流的目的，是为了更好地了解孩子，所以，让孩子多开口是要放在第一位的。通过多方式和多方位提问，父母不但能够了解更多的信息，还可以使提问的过程同时成为一个点拨式教导的过程，在与孩子的一问一答中，自然而然地达到了解的目的。

教育家总结了以下几种比较实用的提问方式，家长们不妨参考一下：

1. 敲门砖式提问

这种提问方式主要是为了引起孩子的叙述，比如，"你的观点是……"

然后，停下来等孩子说。其特点是，你问孩子一句话，就够他说好长时间了，你需要的信息也就反馈回来了。

像这样的提问还有"那你觉得……""你感觉……""你以为……""你认为……""后来呢？""到底是怎么回事？""你是怎么想的？""你还有什么意见？"，等等。

2. 体贴式提问

比如，孩子说他很烦，并说了一大堆对朋友和学校不满意的话。那你可以这样问他："同学们为什么不理你？""你学习有什么困难？""你希望妈妈怎么帮助你？""你还有什么要求？"

3. 重点式提问

对谈话中的重要部分提出疑问："你说根本没有希望了是什么意思？""你真的要放弃比赛吗？""你是什么时候发现开始出现这种情况的？"

4. 重复式提问

当孩子对你说了许多事情和他的想法之后，你可以说："你看我理解得对不对？你觉得是不是这么回事？"这主要是为了确认，同时传递理解和关怀，理清谈话的内容。

5. 选择式提问

"要独立完成呢？还是让老师再给你找个搭档？""你看是自己复习呢？还是让表姐帮你复习？""这件事情是你自己向老师讲呢？还是妈妈去和老师说？""你是因为他不帮助你而生气？还是因为自己没有做好而自责？"

这样问话的好处是，你已经把孩子回答的答案圈定了，孩子大多会从中选择一个，不会提出否定的回答。

6. 封闭式提问

为了快速启发孩子，达到教育目的，就要学会提问封闭性的问题。比如问："这样做行不行？"孩子就会对你提出的建议和看法表示明确的赞成或反对。诸如"可以吗？""是不是？""行不行？"这类的问话都属于封闭性的。封闭性问题在有足够说服把握的时候非常有用。谈到一定程度，你觉得孩子会说"是""好""可以"时，及时提出这样的问题，他的思路就会被引到你的观点上来，并自觉地按照你的意愿做。这个时候要注意，如果孩子不是口服心服，结果并不会理想，还会有隐患存在。

家长们需要注意，提问是为了点拨孩子，而不是斥责孩子。因此，不要提一些尖锐的、让孩子感到难堪的问题。你的问题应该是温和而又能够引导孩子思考的。

同时还要注意，和孩子谈话，不是对孩子训话，而是重在思想交流。孩子常常渴望表达自己内心的感受，希望父母重视和理解自己。所以爸爸妈妈应该主动引导孩子说出他的心里话，听了孩子的话后，应及时反馈，使孩子觉得"我被理解了"。

别不好意思向孩子说出你的爱

孩子们需要爱。尽管每个人都需要爱，但是孩子更为需要，这就像一棵新生的树苗比一棵长大了的树更需要阳光和水分一样。孩子得到爱，才能去爱别人；得到爱，才能去爱生活。正如蒙台梭利所说："没有爱，一切都是枉费。"

有一个女孩，她的性格忧郁、孤僻，在别人面前总是沉默寡言，于是，母亲领着女儿去看心理医生。心理医生告诉这位母亲，也许是她的含蓄、内向的表达方式影响了孩子，试着对孩子说"我爱你"可能会有所改变。这位母亲半信半疑，又觉得"我爱你"3个字说不出口，于是，找了个机会，在孩子面前说了句："孩子，你别看妈妈没说过什么，其实，妈妈是很爱你的。"想不到孩子听完后愣住了，眼睛里闪着泪光，半晌说出一句话："我从来不知道你爱我，我还以为你根本不爱我呢！"

如果孩子感受不到父母的爱，那无疑是父母最大的失败。

父母的温暖、值得依赖的反应，会给孩子安全感，使他更敢于探索，更敢于走出家庭，走向社会，他会更自立，建立更好的生活圈。很多研究都表明，感受到被爱的孩子，有更好的社交能力，工作学习起来也更有热情。所以爸爸妈妈们完全有理由去有意识地表达对孩子的爱，让孩子沐浴在爱的阳光中。

有一位年轻的母亲鉴于自己曾深受性格内向、不善表达之苦，下决心在孩子的身上扭转这一局面。女儿出生不久，她就经常抱着孩子对她说"我爱你"。到孩子一岁多时，她常和孩子做一种"亲子游戏"，她问孩子："爸爸妈妈最爱谁？"孩子会习惯性地回答："宝宝。"她再问："宝宝最爱谁？"孩子则快乐地回答："爸爸妈妈。"这个孩子很小就受到爱的熏陶，外出就知道爱护比她更小的幼儿。孩子两岁多时，说过一句话："大家都喜欢我。"这让母亲觉得很欣慰，因为这正是她通过各种努力希望孩子明白的事情。孩子上了幼儿园，有个别家长经常找老师"套近乎"，给老师送礼，要求关照孩子。但她从不这样做，因为她知道一个对自己有信

第5讲 爱与智慧的对谈
—— 潜入灵魂去沟通，陪孩子走好每一步

心，同时对别人充满爱心的孩子，完全可以凭着自己的表现赢得老师的喜爱。元旦来临了，孩子想给班上的老师寄张贺卡，却不知该写些什么。她先问清楚孩子想对老师说的话，然后帮孩子写上："老师，我爱你。"老师收到贺卡后，很是感动，自然也更喜欢这个孩子了。学期结束时，在这个孩子的《成长纪念册》上，老师对她的评价是："你通情达理，聪明好学，积极进取，表现欲强。特别是你有着美好的情感世界，对每个小朋友都很友善。你是我们班小朋友的骄傲。"

孩子如果对自己得到的爱感到满足，他的心中就会充满种种美好的感情，不必任何说教，他就能自然融入周围的世界，获得别人的喜爱。

那么，如何才能让孩子感受到温暖的、源源不断的爱呢？作为父母，必须要告诉孩子"我爱你"，告诉他，无论他做错了什么事，无论他的成绩好坏，无论别人是否看得起他，父母永远都爱他，他永远是父母最珍爱的宝贝。那么，孩子就有了面对人生旅途上的失败和磨难的勇气和自信。因为他知道，哪怕全世界的人都不喜欢他，都不接受他，至少还有父母爱他，还有一个温暖的家永远在等待着他的归来。相反，如果孩子认为父母不喜欢自己，就很容易得出"我不讨人喜欢""没有人爱我"的片面结论，从而影响其性格的健康发育，甚至会影响其一生的幸福。

※ 智杰点津：如何化解家庭代沟与冲突

父母和子女最常出现的问题便是"代沟"。由于父母和子女所生长的背景以及教育程度不尽相同，因此，或多或少都会有些差距，既然差距不能避免，为何不去适应彼此的差距，喜欢这样的差距，然后接纳差距呢？

遗憾的是，很多家长在这方面做得并不到位。

有一个男孩，上初中之前非常听话，各方面表现都很优秀。到了初二以后，出现了一些问题，成绩有所波动，母子关系出现一些波折。但是总的来说，他们交流得还不错，儿子能主动跟妈妈赵月说心里话，也基本能够接受妈妈的指导。

可是自从进入高中以后，孩子与以往大不一样了。每天放学以后就把自己关在屋子里，妈妈想和他说几句话也没机会，更别说谈心了，急得赵月如热锅上的蚂蚁一般。

有一次，赵月以饭后散步为由，敲开儿子的房门。儿子正听着音乐，他看了妈妈一眼，明显有些不高兴。赵月说："既然你现在不写作业，就和妈妈一起去散散步吧。"儿子看都不看她，说："我休息一会还要写作业。"赵月说："那正好散步回来再做，妈妈有些话要跟你说。"儿子的眼神分明很排斥："有什么好说的呀。"

赵月又生气又伤心。凭女人的直觉她觉察到，儿子的心里肯定有事，如果一直不能与孩子交流肯定会出问题。孩子上初中那会儿，她还常常得意自己教子有方，母子之间没有隔阂，并常以成功母亲的身份指教别人。现在这是怎么了？难道她与儿子之间也出现代沟了吗？

其实，父母子女因为生活的时代、社会环境不同，生活习惯、思维方式自然也不同，所以产生代沟是必然的。但这个代沟应该只存在于认知层面上，感情上不应该有代沟。家长更不应该以代沟为借口，原谅自己教育上的失误，忽视两代人之间感情的隔阂。

其实代沟是必然产生的，有它好的一面（孩子在成长）——不必为它高兴，有它坏的一面（不利于沟通）——也不必为它伤心。这实际上就是一种自然规律。

第5讲　爱与智慧的对谈
——潜入灵魂去沟通，陪孩子走好每一步

当父母与子女出现代沟时，应具备如下的看法：

（1）代沟不是坏事，反而代表一种进步，只有在进步的社会中才会有这种现象。

（2）青少年在这段时期应完成的使命便是"建立自我""完善自我"。所以，当子女和父母意见不同，表示他开始有一套自我的想法，只要有道理，父母都应该帮助他建立正确的价值观。

（3）或许子女现在的意见与父母不同，但不表示永远不相同，等到他成熟起来，或为人父母时，就会体会到父母的苦心。

如果把"代沟"看成是一种良性的冲突，有助于亲子之间的了解，则不失为增进彼此关系的妙方。

作为成熟的父母，应当是善于与孩子沟通的，即善于发现孩子在想什么、在干什么。当孩子做出一些成人难以理解的事情时，父母不应当即质问或训斥，而是应平心静气地思考一下：孩子的行为是否有合理性？如果缺乏合理性，又是为什么？经过这样的思考，父母则容易了解孩子，而了解孩子恰恰是教育的成功之道。

儿童教育专家为父母提出以下方法：

1. 设身处地为孩子着想，这是父母与孩子有效沟通的第一步

父母也是人，是不是也希望别人能够明白其内心的感受，希望得到别人的帮助呢？孩子也是人，他们也同样希望别人明白自己内心的感受，也希望得到别人的帮助。

2. 倾听是父母与孩子有效沟通的最佳策略

如果父母愿意倾听孩子的心声，理解他们的意见或情绪，这实际上就是对孩子的尊重。父母要做到真正倾听孩子的心声，应该注意：

（1）和孩子交谈的时候要暂时放下手上的事情，专心地交谈。只有这

样,孩子才会感受到父母的爱心。

(2)父母要清楚倾听的目的。倾听就是要真正了解孩子的思想和感受,所以,父母要让孩子把自己的心事说出来。对此,父母应该表示理解而不要批评。

父母要认真体会是不是听到了孩子的心声,孩子对自己是不是没有保留了。

第6讲 **不打不骂也听话**
——这样跟孩子定规矩，孩子心底不抵触

※ 要求孩子完美无错，本身就是最大的错；
※ 孩子需要的是引导，而不是疾言厉色；
※ 只有无能的父母，才以打骂、恐吓的方式让孩子听话。

如果孩子犯错,请尽量保持温和

其实孩子有了委屈、疑难的问题时,也愿意向家长请教,孩子犯了错误时并不拒绝父母的管教,只是他们无法接受一些家长的教育方式:严厉的斥责只会让孩子感到委屈难过。而家长斥责孩子的话即使再有道理,再有深意,孩子也不会去反省什么,因为他的心已经被愤怒和不平占据了。

要让孩子改正错误,那么一顿严厉的斥责就够了,只不过相同的错误,孩子很可能以后还会再犯;要让孩子深刻认识到自己的错误,真正反省,那么家长就得运用点拨的手段,让孩子明白其中的道理,并自觉规范自己的行为。

那么,怎样才能成功地点拨孩子呢?教育家认为,父母的态度和方式很重要。如果父母板着脸,不停地向孩子说教,那么即使父母的话字字珠玑,孩子也是听不下去的,更别说自行从中悟出道理了。因为父母的严厉态度让孩子感到害怕,父母的说教让孩子产生厌烦,这样做是根本无法达到教育目的的。

教育家建议,父母应用温和的态度,在与孩子的探讨中启发孩子、点拨孩子。

淘淘是个非常调皮的男孩,上小学四年级。每天放学后,淘淘总是不

第6讲　不打不骂也听话
——这样跟孩子定规矩，孩子心底不抵触

做作业，放下书包就跑出去玩。为此，爸爸总是训斥他，有时还打骂他，可他却总也不改这毛病。有时在爸爸的强迫下，勉强坐下来做作业，可总是不专心，而且做得马马虎虎，错误很多，爸爸拿他也没办法。

有一天，淘淘的姑姑到他家来，正好看到哥哥因为做作业的事在训斥淘淘，可淘淘很倔强，不管爸爸怎么说，他就是不开口，也不去做作业，气得爸爸要打他。姑姑见此情景，对淘淘爸爸说："大哥，我来和他谈谈。"淘淘的姑姑是位老师，她把淘淘带到他的房间里，摸着他的头问："淘淘，在外面玩得开心吗？"淘淘说："也不是特别开心。""那爸爸让你做作业，你为什么不做？""爸爸对我太凶了，总是骂我，我就是不做，故意气他。""那你觉得完成作业再去玩好，还是玩过再做作业好呢？"淘淘不说话，姑姑又说："你是不是也觉得做完作业再去玩，心里没有压力，也不用听父母的责备，会玩得更开心？"淘淘点点头。"姑姑知道，淘淘是个懂事的孩子，聪明也爱学习，就是爸爸妈妈不催，你也会主动完成作业的，是不是？"淘淘点点头，走到书桌前，打开书包，开始做作业，而且特别认真。

淘淘爸爸由此认识到自己以前的做法是错误的，由于对淘淘态度粗暴让孩子反感自己，越来越不听自己的话。从此以后，淘淘的父母改变了态度，不再严厉地责备他，而是以温和的态度对待他，淘淘变得懂事了，学习成绩也有了很大的进步。

其实，家长们应该想到，既然想点拨孩子，就得让孩子先接受自己，实现良好的亲子沟通，这样孩子才能接受你的想法。另外，点拨就是让孩子自觉产生正确的想法，这需要家长的诱导而不是灌输。

父母以温和的态度来对待孩子，是对孩子的尊重，也是高明的教育方

法。家长只有掌握了这一点，才能成功实现与孩子的良好沟通。

1. 温和的态度让孩子不惧怕交流

爸爸妈妈以温和的态度对孩子，孩子在面对爸爸妈妈时就不会因为害怕而紧张、恐惧，也不会因为反感大人的训斥而产生对抗甚至仇视的心理，孩子会用一种平静的心情和爸爸妈妈交流，会认真听取爸爸妈妈的意见，也只有在这个基础上，点拨才能发挥效用。

2. 温和的态度鼓励孩子说出真正的想法

当爸爸妈妈以温和的态度对待孩子，与孩子平等地交流时，孩子觉得自己受到了爸爸妈妈重视，而爸爸妈妈的眼神、鼓励的话语，也会让孩子产生倾诉的欲望，孩子才会把自己内心的想法都告诉父母。

3. 温和的态度拉近亲子距离

态度体现了一个人的修养，与人交流时用什么样的态度，体现了一个人的修养如何，即使是父母在与孩子沟通时也不可忽视这个问题。温和的态度是一个人良好修养的体现，温柔的眼神、微笑的表情拉近了与孩子的距离，使孩子乐于亲近父母。

爸爸妈妈们要记住，点拨的重点在于提示、引导，而不是灌输，因此一定要把握自己的态度和教育的方法，这样才能让孩子产生自觉的行动，达到教育的目的。

第6讲　不打不骂也听话
——这样跟孩子定规矩，孩子心底不抵触

让孩子学会自己判断是非

一个没有是非观念的人，很容易走上违法犯罪道路，所以自古以来，圣哲先贤教导人们要明是非，知美丑，识善恶。但是这些观念不是与生俱来的，需要从小培养。然而，很多家长在这方面做得并不好。

张先生经常对儿子大海说的一句口头禅是："顾好自个儿，别的啥都别管。"

有一次，大海在学校里跟同学打架，挨了老师的批评，张先生怒不可遏地冲到学校，打了大海的同学不说，还把老师大骂一顿，最后又与被打同学的父母扭打在一起。自此以后，大海在学校里越来越横行霸道、无人敢惹，得了个"小霸王"的称号，而张先生也被冠以"霸王爹"的"美誉"。

还有一次，父子俩在电视里看到一位热心人把一个被车撞倒在路边的老汉送到医院，最后却遭老汉家人诬陷的故事，张先生郑重地教育大海："看到没有，好事不能做。"

可以预见，在张先生的言传身教之下，大海长大后会成为一个什么样的人。子女可以从父母的行为中受到潜移默化的影响，吸取很多或好或坏的东西。爸爸妈妈毫无疑问地承担着培养孩子道德意识的责任。所有的育儿理论已经说了无数遍：父母实施教育的最有效的做法，就是自己给孩子做个表率。举个例子，如果某父母当着邻居的面大大地夸奖对方的孩子，而回到家关上门就说"这个小孩简直就是傻瓜一个"的时候，还怎么能够让孩子成为一个品德良好的人呢？

孩子对各种道德现象的认识是很浅薄的，对人的道德评价往往以成人的评价为依据，所以父母对周围现象和行为的评价，要分清是非、善恶分明，给孩子留下爱憎分明的烙印。对于自己或他人的行为，先引导孩子去分析和评价，然后再对孩子的评价给以补充和纠正。比如，在公园里看到有的孩子摘花，拿零食喂动物，就问："你看，他这样做对吗？"孩子会说："不对。"可以接着问："那为什么他这样做是不对的呢？"以此来引导孩子用所掌握的道德观念来进行分析。渐渐地，孩子就能独立地进行正确的评价。有了正确的评价就不难做出正确的举动了。

当然，父母在对是非善恶的把握上不能过分苛刻，要允许孩子犯错误，不能抹杀孩子天性中求知活力的一面，因为好孩子不是呆孩子。

最后提醒各位家长，在对孩子的"是非观"进行培养时，最忌父母双方思想不统一，这样会造成孩子观念的混淆。爸爸妈妈时时处处要有一个正确的判断是非的观念，让孩子在大人的教育中掌握正确的判断事物好坏的标准，让孩子在是非和道德观念上快速成熟起来。

第6讲 不打不骂也听话
——这样跟孩子定规矩,孩子心底不抵触

科学给予惩戒,以免铸成大错

中西方在家庭教育方式上有一个明显的差异:中国注重理论的、宏观的指导,粗线条地讲道理;西方更注重具体的、微观的指导,告诉你具体的方法,让孩子在做的过程中去领会其中的道理。要知道梨子的滋味,就应该亲口尝一尝。吸取教训的过程往往是这样,因此有"吃一堑,长一智"的名言。

有不少父母只从道理上讲该怎么做,如果孩子做错了,稀里糊涂打一顿,打完了孩子还不知自己错在哪。让孩子从体验中去认识道理,他才会记忆深刻。

一个19岁男孩,是一所名牌大学的学生,因偷盗进了拘留所。为什么呢?

因为他对原毕业的中学不满,想通过偷这个学校的电脑施行报复。据说,在偷电脑的时候,他也知道这样做是犯法的,可他还是忍不住要这样做。这其中除了他父母离异,没有人关注他的心理感受外,与我们以往的教育中,细微的体验入少也不无关系。如果他小时候曾因拿了人家一块糖、一块橡皮受到过惩罚,他就会体验出为什么不能偷窃的道理。

在国外不少家庭中,孩子无论犯了大错小错,都要受到惩罚(惩罚不是体罚），比如不让看电视，或几天不许到外面和小朋友做游戏等，就是你想做的事不让你做，让孩子在他的行为所产生的后果中来体验对与错。孩子就从这各式各样的体验中，明白了该做什么，不该做什么，以及做什么是对的，做什么是错的，从而一步步明白做人的道理。

欧美人士在这一点上就很注意。有这样一个故事：

有一个美国人邀请几个朋友到家做客，其中一位女士带了她的4岁女儿。那女孩子很活泼，在端茶喝的时候，不小心把杯子打破了。这时，她母亲很快地用手帕擦去泼在茶几上的茶水，然后对女儿说："你去向阿姨借一个盘子，把打破的碎片捡起来。然后再向她道歉！"

这件事要是发生在国内孩子身上，父母大多会出来亲自收拾残局，然后代孩子向主人道歉，而不会要孩子做任何事情。虽然父母代孩子向主人道歉并不是什么错误，只是这样做的结果是使孩子没有机会接受教训，并且丧失独立性和责任感。

更糟糕的是，有不少的父母不是采取教育自己子女，向对方道歉的态度，而是采取护短的态度。事实上是自己的孩子打了别人的孩子，或损坏了人家的东西，他不但不责备自己的子女，不教育自己的子女，反而认为对方来告状是错误的，认为孩子在外面打架或做别的事，与他无关。甚或强词夺理说"我的孩子也挨了打"或者"那东西根本不是我孩子打坏的，我孩子绝不会去损坏你家的东西"。

这样护短的结果是孩子在外可以做坏事不负责任，于是越学越坏，并且做坏事的胆子也越来越大，公然叫嚣："你去告诉我父母好了，他们根本不会相信！"后果当然不堪设想。

此外，孩子在外面玩，有时被一些大孩子或特别霸道的孩子欺侮了，

第6讲 不打不骂也听话
—— 这样跟孩子定规矩，孩子心底不抵触

夺走了玩具，被打得鼻青脸肿或摔得鼻青脸肿，而哭哭啼啼跑着回家来，也是常有的事。尤其是在小学生中，相当普遍。这时有的母亲心疼自己的孩子，又恨自己的孩子在外面惹了祸，便闹着要去找欺侮她孩子的孩子算账，或者骂自己的孩子："你就不会打他呀！下次他再欺侮你，你就还手！"

仔细想一想，这都不是解决问题的办法。这样算账和报复，只会使孩子间的打斗越来越厉害，而且可能使无意的伤害转变成有意的伤害。

所以在出现这种不愉快的事情时，父母最好能保持冷静，倾听孩子的申诉，帮助孩子洗伤擦药，教导孩子以后尽量避免与那些顽童玩耍。同时，也可直接找欺侮了自己孩子的孩子问明事情真相，勉励孩子们和睦相处，不要打斗，以免事态扩大，结成冤家。当然，必要时还可以找对方父母，共同进行教育。但应注意一点，那就是找对方父母，不只为了算账，而是要冷静友善，以共同合作教育双方孩子为目的。

一步一步，引导孩子知错改错

孩子缺乏是非观念，自我控制能力差，常不能正确认识到自己的错误。加上责任意识不足，通常在做错事后不懂得如何道歉。有时候父母以强迫的方式逼孩子说"对不起"，但实际上，这样做并不能让孩子完全认识到自己的错误。

有一位美国妈妈卡琳娜,她永远不会逼迫孩子去道歉,无论孩子是对还是错。她这种不纠正孩子行为的教育方法在很多家长看来非常不可理喻。但据卡琳娜自己说,这是作为母亲教养孩子最正确的育儿法——不主动要求女儿跟别人说对不起。

首先要说明的是,卡琳娜的女儿露西是一位彬彬有礼的小淑女。她非常有礼貌,在邻居中常常获得好评。大多数情况下,这是个非常善良,绝不会给别人造成伤害的女孩子。

然而有一天,她把从教室图书角借来的书弄丢了,因为图书角的书籍是自由取阅,不需要进行登记的,即使丢了也查不出是谁干的,露西害怕遭到老师责备,所以没有将这件事告诉老师。

在接下来的几个星期里,露西脸上的笑容消失了,她终日惶惶不安,隔着房门,卡琳娜都能听到露西的叹气声。最后,在良心的谴责下,露西将这件事告诉了卡琳娜。

卡琳娜听完露西的话,并没有马上对事情下定论,更没有马上逼迫露西去跟老师坦白、道歉,反而跟露西闲聊起来。

卡琳娜询问露西最近的心情,露西垂头丧气地告诉卡琳娜,说自己非常烦恼,也很内疚。于是,卡琳娜问露西:"为了让你的心情能变得舒畅,你觉得怎么做比较好?我觉得这才是你要考虑的事,唉声叹气改变不了现状。"

露西关上门想了一晚上,第二天她将情况告诉了老师,并表示愿意通过工作进行赔偿。老师欣然应允了。

这事就这样简简单单过去了。卡琳娜说因为露西本身就对丢书的事感

第6讲 不打不骂也听话
——这样跟孩子定规矩，孩子心底不抵触

到无比内疚，所以自己没必要去火上浇油。"她为自己犯下的错承受着痛苦，所以我才问她，为了不让自己痛苦下去，采取什么样的措施能让事情变好。我知道她最终还是会选择道歉的，所以不会刻意去逼迫她做这样的事。"

卡琳娜的教子手段很新奇，但又在情理之中。一个孩子如果被逼迫着去道歉，哪怕他暂时低头了，也根本起不到教育作用，倒不如让孩子自觉去做自己该做的事。

父母首先应该明白，让孩子说"对不起"的意义不止在于道歉，而是让他们学会为自己的错误承担责任。孩子有时会抗拒道歉，这是因为他们需要一种认可——尽管我做错了事，但我并不是坏孩子，爸爸妈妈还是爱我的。

这时，不妨分阶段引导孩子主动去道歉，这样能够帮助孩子明白自己的行为对别人有什么影响，也能够让他学会如何补救自己的过失：

（1）当孩子做错事时，譬如与小伙伴吵架，先不要急着让孩子去道歉，先让他平静下来。如果在孩子愤怒时强迫他去道歉，很有可能会激起孩子的逆反心理。

（2）待孩子平静下来以后，爸爸妈妈以平和的语气与其讨论刚才发生的事情，并回顾孩子曾经受到伤害的情景，让孩子感同身受，问他："还记得上次苗苗冲你发脾气，你很生气很伤心吗？刚才你那样对乐乐，他现在也一定很伤心呢。"让孩子明白他的行为给别人造成的伤害，这能激起孩子的愧疚心理，使他在将来遇到类似的事情能进行更好的处理。

（3）接下来，爸爸妈妈要做的就是引导孩子想出应对错误的方法。比如，可以问孩子："如果下次再发生那样的事情，你会怎么做呢？"让孩子自己想出合适的方法远比爸爸妈妈的说教效果更好。

利用契约约束，强化孩子自制力

"没有规矩，不成方圆。"大人要遵守社会公德、法律、规矩，孩子也必须遵守这些。要让孩子守规矩，从小就应该告诉他们懂得遵守规矩的必要性。

有一个故事发生在美国。在一个再婚家庭里，有个少年名叫阿尔伯特，他是个非常不听话的孩子，与继父关系很紧张。平时他对继父总是绷着脸，心里怀着很强烈的对立情绪。有一次，阿尔伯特为了一点小事就用菜刀威胁继父，吓得继父只好找来警察。

后来，继父找来了心理学家。经过分析研究，发现阿尔伯特有一个爱好，就是特别喜欢开汽车，并且很希望自己拥有一辆汽车。心理学家与阿尔伯特的继父商量，让阿尔伯特的继父借给阿尔伯特400美元买了一辆旧汽车。继父与阿尔伯特订立了这样的一份契约，大概内容如下：继父借给阿尔伯特400美元买一辆二手汽车，阿尔伯特以每周还5美元的方式归还。阿尔伯特可以采用以下方式挣钱：

（1）阿尔伯特星期日到星期四晚上留在家里，或者在每天晚上9：30之前把汽车钥匙交给继父，每晚4角；

（2）阿尔伯特星期五和星期六晚上留在家里，或在半夜12：00前把

第6讲　不打不骂也听话
——这样跟孩子定规矩，孩子心底不抵触

汽车钥匙交给继父，每晚6角；

（3）每星期一次，在白天（具体时间由阿尔伯特自己决定）把门前屋后的草坪修整好，每周6角；

（4）阿尔伯特星期一到星期五，每天晚饭前把家里的狗喂好，每次1角；

（5）阿尔伯特每天6:30前回家吃晚饭，或者按早上母亲说的时间按时回家吃饭，每次5分；

（6）阿尔伯特离家前，最迟不能超过中午，收拾好自己的房间，每天5分。

如果全部做到，这些钱正好是5美元。

阿尔伯特要是做不到，就按以下条款给予处罚：

（1）按照不能做到的条款的价值，阿尔伯特将在下一个星期被限制使用汽车，每差5分钱就限制使用15分钟；

（2）阿尔伯特如果什么都办不到，就在下一个星期完全剥夺使用汽车的权利。

上述条款由继父负责执行。条款还规定，阿尔伯特做了其他好事，可以向继父和母亲提出来，并且商量好这些好事的价值。

契约还规定，双方只要提出要求，均可以修改甚至重新订立契约。

这份契约还真管用。从此以后，阿尔伯特很快改变了他不听话的行为。为了尽快地得到这部汽车，他还做出了许多意想不到的好行为，他与继父之间的关系也变好了。等到这辆汽车属于阿尔伯特所有，他与继父之间已经建立起亲密的情感关系。

现在的父母，特别是面对初中生的时候，这种父母子女对立的情况是

经常发生的。如果遇到这种情况，家长不妨也采用这种方法试试。这种方法一方面很简明，便于把握；另一方面可以从小就培养孩子按照规则办事的好习惯。

临时隔离，让孩子"老实"一些

从很多书上或电视上都可以看到，美国的妈妈们对犯了错的孩子的惩罚是"回自己屋子去"。据说，这种"隔离法"还挺管用，调皮的孩子出来后至少会"老实"一些，最后慢慢形成好的习惯。

"隔离法"的主要对象是出现不良行为的孩子。这种方法其实很简单，就是暂时终止孩子的活动。这种方法的主要优点是：能够在较短时间内有效地终止孩子的某些不良行为，而且父母简单易学，可以随时方便地运用。有一点非常重要：这种方法能够让父母很好地控制自己的情绪，成为孩子理性行动的榜样。这种方法既不会对孩子的身体造成任何伤害，也不会伤害孩子的感情。

先来看看下面的例子：

一个小孩，只有3岁。一天，他用积木砸他的小客人。

妈妈看到后说："孩子，你不能这样做！你要再这样，我马上对你实行隔离。"

第6讲　不打不骂也听话
——这样跟孩子定规矩，孩子心底不抵触

孩子嬉笑着继续扔积木。妈妈走过去，语气坚定地说："因为你用积木砸了小朋友，所以现在我要开始对你实行隔离。"

母亲不再多说什么，抱起他走向屋中间的一张高靠背椅，把他放在上面，并把他手中拿着的积木取下，然后取一个定时器，定好3分钟时间，放在孩子看得见但是手够不着的地方。

孩子自然是满脸不高兴，从椅子上跳下来。妈妈坚定但不粗暴地把他重新抱上椅子，站在他身后监视着他，并把孩子的手交叉摆在其胸前，说："只有你不再跳下椅子，我才会松开你的手。"

孩子挣扎了几下，发现无法挣脱，就安静下来，开始掉眼泪。妈妈装作什么都没看见，转身回到自己的房间里做自己的事。

等到定时器一响，妈妈走过去问："你知道为什么妈妈要对你隔离吗？"

孩子不吭声，妈妈说："你这样做是不对的，会把别人打痛的。如果你以后还这样做，妈妈还会对你隔离。不过妈妈希望你下次不这样了。"

孩子跳下椅子走了。这位母亲所使用的方法就是"临时隔离"。

这种方法的要点如下：

1. 必须有前提

孩子用积木砸小朋友的行为，是妈妈对孩子施用"临时隔离法"的前提条件。如果没有这个前提条件，妈妈就不可能对孩子采用这种方法。

按照一般情况，这个行为在孩子的身上是经常出现的。父母在采用这种方法前，应该对孩子的这种攻击性行为进行统计。如果这种行为出现的频率较高，就必须采取必要的措施了。

资料表明，这个孩子经常发生这种行为，所以妈妈把其确定为目标行为。据介绍，妈妈在日历上记录孩子的攻击行为时，孩子好奇地问妈妈在干什么，妈妈告诉了他，记录你的这种不良行为。孩子知道妈妈在注意他的行为时，就开始有意识地克制自己这种行为，他的攻击性行为开始减少了。

2. 控制好自己的情绪

在实施隔离法时，父母要始终很好地控制住自己的情绪，不能因为孩子反抗而大打出手。

父母实施这种方法时，不要发火，也不要吼叫，只需要简短地说明隔离的理由就可以了。有人建议用不超过 10 个字的话来说明隔离理由，冷静地终止孩子的攻击性行为。而且这位孩子的妈妈是在孩子的行为发生后 10 秒钟内实行隔离的，这符合隔离法的及时性原则。

3. 选择合适的隔离地点

实施临时隔离，必须选择合适的地点作为隔离区。

父母要根据孩子年龄的大小，充分考虑安全因素，把隔离地点选在父母完全能够控制的范围之内。如这位母亲把地点选择在靠背椅上，就是因为孩子的年龄比较小。

对年龄大一些的孩子，可以选择卫生间、储藏室、走廊等作为隔离地点。选择地点时总的原则是让孩子感到无聊、单调、枯燥，但又应该是安全的地点，不能让孩子感到恐惧。并且要保证隔离期终止之前孩子不能接触一切游戏和活动。如果家里正在开着电视或录音机，也必须关掉，不能让孩子在被隔离的时候偷着看电视或听音乐。

4. 恰当的时间

隔离时间的长短一般是"1 岁 1 分钟"。

第6讲 不打不骂也听话
——这样跟孩子定规矩，孩子心底不抵触

这位孩子只有3岁，所以时间设定为3分钟。要让孩子知道，是定时器而不是妈妈决定孩子什么时候停止隔离。所以有铃声且可移动的定时器是隔离法必备的工具。妈妈把定时器放在孩子够不着的地方，是为了防止孩子把定时器作为玩具。

5. 父母要若即若离

在隔离期间，父母应该做自己的事而不是一直在旁边看着孩子。

如果父母一直盯着孩子，孩子就觉得自己虽然受到了惩罚，但是同时也引起了父母的注意。虽然这种注意是负面的注意，但是孩子也会非常在意。事实证明，有的孩子会为了得到这种注意而有意干坏事。父母的过分关注常常会降低惩罚效果。

6. 说明原因

隔离结束时，父母要简短地向孩子说明被隔离的原因。

孩子的年龄很小，所以要加深孩子的印象。隔离结束，父母向孩子说明原因可以加深孩子对隔离原因的印象。因为有些孩子年龄太小，常常会忘记被隔离的原因。

孩子受到隔离，一般不会有太好的情绪，所以，父母不要太在意孩子的情绪。

"临时隔离法"适用于2～12岁的孩子。这种方法看起来简单，但是常常很有效。因为在孩子看来，离开伙伴、停止活动是最不能容忍的惩罚。被隔离过的孩子都不愿意再次被隔离。在他们看来，那种滋味是不好受的。

鼓励孩子为错误做合理的辩解

在很多家庭里,孩子在受到批评、指责时,他们的解释常常被这样的话打断:"你不要辩解了,这没用""你还敢嘴硬""你又开始撒谎"。

这些话几乎在很多家庭和学校都可以听到。人们习以为常,不再奇怪。但是有没有父母想过,孩子在受到批评和责骂时,他为什么不能辩解呢?

在这种情况下,孩子一般会本能地产生委屈的感觉,进而伤心、怨恨。他会把这种委屈发泄到其他对象上,或者去想各种好玩的事情来摆脱这种情绪。这往往就是导致孩子淘气的原因。

明智的做法是给孩子争辩的权利,认真地听取争辩。这样做,主要的好处有两个:其一,从孩子的争辩中,做父母的可以了解到其发生某种错误行为的背景、条件以及心理动机等,从而针对性地进行有成效的教育;其二,让孩子争辩,也就为做父母的树了一面镜子,父母通过听取子女的争辩检验自己的教育方法是否得当,说得是否在理,发现不妥之处可以及时地调整。

从现实的方面讲,难道有哪位父母真的希望孩子长大以后遇到类似的情况而不辩解吗?不,那时他的母亲一定会气愤地说:"你为什么不辩

第6讲 不打不骂也听话
——这样跟孩子定规矩，孩子心底不抵触

解?!你是哑巴吗?"

孩子的这种权利受到尊重，一般会增强他的自信心和荣誉感，他反而会注意别人的权利是否也被自己尊重，从而增强自制能力。同时，这样还可以营造家庭的民主气氛，增加孩子各方面的能力。研究发现，这样的孩子具有很强的交际能力与其他方面的能力，对将来的发展是大有好处的。

心理学家经过科学调查得出了这样的结论：能够同父母进行真正争辩的孩子，在往后的日常生活中，会比较自信、富有创造力、合群。

因此，父母应该树立一种观念，允许孩子争辩，这不是什么丢面子的事。父母认为，假如允许孩子争辩，孩子就会不听话，不尊重自己，让自己为难，这种想法是极为不正确的。允许孩子争辩，对两代人都有好处，因此，父母要善于研究学习，让争辩发挥更大、更好的作用。

当然，允许孩子争辩是应遵守规则的，换言之，就是不允许他们胡搅蛮缠、随心所欲，而是在讲道理的基础上进行的。假如孩子违反了争辩的规则，父母自然应该制止。值得提醒的是，父母是规则的制定者，因此，在制定规则时要从实际出发，合乎孩子的情况，合乎一般的道理，否则，这种争辩就是不平等的。

给孩子争辩的权利，这对很多做父母的来说并非是轻易就能做到的，他们在教育孩子的时候，往往是只能我说你听，哪能容孩子争辩。因此，给孩子争辩的权利，需要做父母的克服自以为是、唯我是从、只准说是、不准说不的单向说教的思维定式，换为尊重孩子、鼓励争辩、善于双向交流的思维方式；改变轻则呵斥、重则棍棒的粗暴行为，养成重科学、讲民主、以理服人的良好规范。

父母应该为孩子的争辩创造一种宽松、平等的氛围。在争辩的过程中，父母应循循善诱、以理服人，不要以为孩子与父母争辩就是对长辈的不敬。

※ 智杰点津：自我责备让孩子认知更深刻

当孩子的想法、行为出现了差错时，父母们最常做的是责备孩子，严厉地管教孩子。然而事实证明，这样做的教育效果并不好，有的孩子被父母责骂过后，能在短时间内收敛一下自己，而一些孩子根本就不在乎父母的责骂，把父母的说教都当成了耳边风。因此父母们不妨换个教育方法，对孩子动之以情，不要一味指责孩子，也要反省反省自己，这样反而会打动孩子。

克里斯18岁了，刚拿到驾照。

一天早上，父亲要克里斯开车送他到离家较远的市区去办事。克里斯非常高兴地答应了，因为他不但可以开车，正好还可以转一圈。

他开车把父亲送到目的地，约定下午两点半再来接他，然后就去看摇滚演唱会了。等最后一首歌唱完的时候，已经是下午4点了。这时，他才想起与父亲的约定。

当克里斯把车开到预先约定的地点时，看见父亲正孤独地站在路口。克里斯心里暗想，如果父亲知道自己因为看演唱会而不守信用，一定会非常生气。

克里斯低着头走了过去，先是向父亲道歉，然后撒谎说，他也想早点

第6讲 不打不骂也听话
——这样跟孩子定规矩，孩子心底不抵触

过来，但是车的发动机出了一点儿毛病，需要修理，维修站的工人们花了一个多小时的时间才修好。

听完儿子的话，父亲看了他一眼，说："克里斯，你觉得有必要对我撒谎吗？"

"什么？不！我说的都是实话。"克里斯争辩道。

父亲再一次看了看儿子，"当你在约定的时间没有来时，我就给维修站打了电话，他们告诉我你没有去。所以，你的车子根本就没有出毛病。"听了父亲的话，克里斯羞得满脸通红，他低着头向父亲承认了看演唱会的事实。父亲认真地听着，脸色变得更加难看。"我现在不是生你的气，而是生我自己的气。我觉得自己很失败，因为我养了一个说谎的儿子。我现在要从这里走回去，好好反省一下我这些年来做的错事。"

克里斯的道歉并没有使父亲改变主意。

父亲开始沿着尘土飞扬的道路行走，克里斯迅速地跳上车跟在父亲后面。克里斯一路上都在忏悔，告诉父亲他是多么难过和抱歉，但父亲只顾着走路，根本就不理他。

17千米的路程，克里斯以每小时5千米的速度一直跟着父亲。

17千米的路程里，看着父亲遭受肉体和情感上的双重折磨，这是克里斯生命中最难忘的一次经历。然而，它同样是生命中最成功的一次教育。自此以后，克里斯再也没有对父亲说过谎。

克里斯对父亲撒了谎，父亲是完全有理由狠狠地责骂他一顿的，可父亲却没有那样做，但他反省自己的行为，要比一万句责骂更有效。克里斯被感化了，因为这次经历，他一辈子都不会再想对父亲撒谎。

在劝导孩子时，我们常用的方法就是晓之以理，那么何不试试动之以

情呢？冗长的说教只会让孩子产生"听觉疲劳"，不如以真情实感打动孩子、感化孩子，这样孩子才能真正地痛改前非。

当孩子做错事时，心里会有歉疚感，如果父母这时不责怪孩子而是反省自己，那么孩子一定会真正认识到错误，并改掉自己的坏习惯。

第7讲　拯救学习障碍
——让孩子主动去学习，其实一点都不难

※ 学习，是孩子的"天敌"；

※ 学不好，也不全是孩子的问题；

※ 父母不能强迫孩子学习，而是要善于帮助他们解决问题。

孩子厌学，到底为什么

很多家长都遇到过这样的情况，孩子不知道什么原因突然就不想上学了，不管你怎么苦口婆心地劝说，他都不愿意再拿起纸笔、书本，甚至无视老师每天布置的学习任务。每天回家不是看电视就是打游戏。家长们可以说为了孩子的学习操碎了心。

林琳今年17岁了，高中二年级。最近却不愿意去学校，整天窝在家里看肥皂剧，将自己关在房间里，也不和父母沟通。父母看到林琳的状态，既心疼又着急，不知道该怎么办。有时候还能听到卧室里传出来的低声呜咽。

林琳的妈妈打电话给老师，老师也说林琳最近上课不认真听讲，常常走神、发呆，习题错误率很高。老师告诉林琳的妈妈，青春期的女孩很容易产生问题，比如早恋、接触社会上的不良少年、任性等。而且高中的学习压力比较大，孩子容易在紧张的环境下产生厌学的情绪。

其实现实生活中，像林琳这种现象并不少见，但是随着社会竞争的日趋激烈，每个孩子都要掌握知识，也正是因此，很多孩子从天真无邪的童年进入背负压力的学生期，时间久了，他们不会觉得学习是为了充实自己的知识面，而是觉得自己是在为父母学。在残酷的学习竞争，一场场选拔考试中，他们被压得透不过气来，最终产生厌学的情绪。实际上，缓解孩

第7讲 拯救学习障碍
——让孩子主动去学习，其实一点都不难

子的学习压力是社会性问题，需要整个社会共同努力才能做到，背负最直接的责任的家长，可以从以下几方面着手：

1．多和孩子沟通，大致了解孩子厌学的心理原因

师生关系恶劣、学习跟不上、与同学关系不好、自身心理素质弱等均会导致孩子厌学。当孩子出现厌学行为时，家长要放下紧张和担心，用平常心和孩子沟通，了解孩子出现厌学的心理是什么原因导致的，之后进一步采取措施，协助孩子成长。

2．积极和学校老师联系，了解孩子近况

每位老师都会带几十甚至上百名学生，所以不可能照顾好每位学生。师生关系中情感依恋的缺失，导致相当一部分学生由于学业上的不适应而产生一系列负面情绪，由此形成消极自卑的心理，进一步影响、限制学生的发展。良好的师生关系是与学生保持亲密接触，积极沟通，让学生信赖老师，愿意将自己的真实感受与想法告知老师。所以从老师这里了解孩子的近况也是一个途径。

3．积极鼓励孩子，找回学习乐趣

不管孩子是自我封闭还是自我放纵，都可能是因为他在学业上感到了绝望，产生自卑和不自信。家长可以通过积极的交流，帮助他们对学习和生活形成正确的认识，不要自卑。在平时的教育生活中多对他们进行鼓励，哪怕是小小的进步，也要让他们在学业上找到胜利的愉悦，找回学习的乐趣和自信心。

4．寻求专业的心理咨询机构的帮助

据统计，很大一部分孩子厌学并非是真的对学校、学习厌倦，而是家庭出现了一些问题，而自己做了努力又没有改善，所以就想通过厌学的方式来告诉父母，家里出现了问题，需要解决。一般家庭角色混乱、父母忙

于工作而无暇顾及孩子、父母争吵离婚等都会导致孩子出现厌学行为。这种情况下，父母可以寻求专业心理辅导机构帮助，同时解决孩子和父母的问题。

习惯性粗心，是学习的大敌

很多家长感慨，自己的孩子学习的过程中总是粗心大意，不是考试的时候做题马虎，就是上学的时候丢三落四……不知道什么时候开始养成的这个坏毛病。有时偶尔出现，有时经常如此，甚至已经形成习惯。要知道，高考的时候可以说是"一分定输赢"，马虎是最要不得的。可是，想改变一种习惯并不是那么容易的。

徐晶晶上小学二年级了，妈妈发现她写作业的时候很马虎，总是把简单的题目写错。比如小刀的"刀"字，本子上却写的是小"力"；数学的数字计算，题上是"3"，搬下来就成了"8"，草稿上是"5"，搬到本上就变成了"6"，这么马虎，考试自然也好不到哪去。

原本一年级的时候成绩还不错，可是到了二年级，居然总是在七八十分处晃荡。妈妈心里很着急。孩子明明很聪明，却总是由于马虎和粗心，在考试中不该丢分的题丢了分。当妈妈手中拿着徐晶晶的数字试卷，看到孩子的竖式计算结果对了，等号后面的数字却写错了，被扣了2分时，内心之中颇为震惊，她知道，必须想方设法帮孩子改掉粗心大意的坏习惯。

第7讲 拯救学习障碍
——让孩子主动去学习，其实一点都不难

案例中的徐晶晶是个粗心大意的孩子，而现实生活中这类孩子并不少见。马虎粗心是人类性格中的致命缺点，不管是成人还是孩子，由于马虎粗心造成不可弥补的后果的不在少数。其实马虎粗心很多时候就是没有责任心的表现。只有心思缜密、注意细节的人才可以在未来的竞争过程中立于不败之地。

孩子马虎、粗心性格的形成，很多时候是由于父母没有给孩子养成细心认真的好习惯。粗心会带来很多麻烦，不但会影响孩子的学习成绩，还可能给社会带来灾难，不及时纠正，会形成马虎大意的坏习惯。所以家长一定要在孩子年幼的时候就开始纠正他马虎的习惯。

1. 了解粗心大意的原因

孩子粗心大意多半和父母的教育脱不了干系，如果在孩子很小的时候家长没有对他们进行过训练，经常让孩子一心二用，边看电视边做作业，或者让孩子处在比较嘈杂的环境中学习，都可能让孩子养成粗心大意的毛病。最重要的一点就是教育缺失。如今的孩子多为独生子女，父母常常帮孩子做很多事，对孩子的关照太多，导致孩子的责任心减少，最终养成了粗心的习惯。

2. 培养孩子的责任心

孩子马虎粗心，最根本的原因就是缺乏责任心，既然如此，家长应该从培养孩子的责任心着手帮助孩子改掉粗心的习惯。比如，平时对孩子少一些包办、少一些关照、少一些提醒，让孩子自己处理自己的事，让孩子多承担些家务劳动，多做些力所能及的事情，进而培养孩子的责任心。有时候家长要狠得下心让孩子吃些苦头，承受些惩罚。比如，孩子因为早上起晚了而匆匆忙忙拿着书包赶到学校，这时家长发现孩子的文具盒忘记带了。此时，家长不要给他送到学校，有了这次的着急经历，下一次他一定不会再这么粗心大意了。

3. 积极的心理暗示

积极的心理暗示有助于矫正孩子的马虎行为，可以从以下几方面进行诱导：①细心细心再细心，我一定可以做到细心；②我行我行我能行，试题容易，我不能大意；③我的复习非常扎实，考试是综合练习，别紧张；④每天早晨起床之后告诉自己，我会细心做好今天的每件事，决不粗心马虎对待学习；⑤别着急，慢慢来，质量比时间更重要。

4. 培养孩子良好的生活习惯

一个孩子的房间一团糟，东西随处乱放，字迹潦草，桌面不整洁，那么这个孩子多数时候就有粗心大意的毛病。从生活中的小事做起，培养孩子良好的生活习惯，可以减少孩子的马虎和粗心。平常让孩子自己整理衣橱和抽屉，培养孩子仔细、有条理的习惯，让孩子安排好自己的课余时间和复习进度，培养孩子有计划、有顺序的习惯，改变孩子的天性。时间久了，孩子马虎粗心的习惯自然会逐渐改善。

5. 培养孩子耐心细心的好习惯

习惯性粗心往往是早已形成的某种坏习惯产生的惯性作用使然，需要从源头上斩断惯性。所以，家长应该帮助孩子克服学习上的习惯性粗心，养成耐心细心的好习惯。从平时写作业、看书开始着手。比如，在阅读的过程中，不讲求速度，而是让孩子一页页认真地读下去；做题之前先养成认真审题的习惯，做完之后认真检查，发现问题及时处理，坚持一段时间之后，孩子自然变得耐心细心了。

第7讲　拯救学习障碍
——让孩子主动去学习，其实一点都不难

排除走神诱因，培养学习专注力

专心是提高孩子学习成绩的重要秘诀，如果孩子学习经常开小差，总是三分钟的热度，他就不可能取得好的成绩。

有个非常聪明的小男孩，上小学三年级，可是做事情老是不专注、坐不住，学习上也是如此。

上课时，本来在好好地听课，可是当窗外的杨树叶被风吹得沙沙响时，他便扭头向窗外望去。自习课做作业，他时不时地想着下课，去和大家做游戏……

放学回家后，书包一扔，一下子跳上沙发……该做家庭作业了，谁知他又搬出一大堆的玩具来玩，还不时地捉弄一旁的弟弟……由于他学习没有专注力，成绩怎么也提高不了。面对这样的孩子，父母伤透了脑筋。

现在，许多家长都为孩子学习时注意力不集中导致成绩不好而苦恼。其实，孩子学习不专心有客观和主观两个方面的原因：

(1) 客观原因：与学习无关的刺激物的干扰、学习单调或有困难、学习方法不当、学习环境不好等。

(2) 主观原因：缺乏学习的兴趣和信心、注意力差、身体或情绪不好、不理解学习的内容等。

孩子学习不专心的表现形式有：东张西望，心不在焉，人在曹营心在汉，坐立不安，情绪波动大，对学习抵触或淡漠。

那么，对于孩子学习不专心，家长应该怎么做呢？

1. 找出孩子不专心的原因

有的孩子学习不专心，与上学之初家长没有严格要求、严格训练有关：孩子刚入学，回家做作业时，家长一会儿给孩子水喝、一会儿给孩子东西吃、一会儿和孩子说两句话，时间一长，孩子就养成了做作业时吃东西、说话等不专心的习惯。对于这种情况，家长应改变这种过分关心孩子的错误教育方式。

2. 排除诱因，创造良好学习环境

孩子学习时，家长应尽量保持环境的安静、整洁，环境的布置要简朴，不要有过多的张贴物和装饰，室内要有新鲜的空气和充足的阳光，以减少不良因素给孩子带来的干扰。

一些孩子学习磨蹭，原因是他容易被无关的事物所吸引。比如，正在读书，窗前有只小鸟飞过，他就会放下书本去看个究竟；正在画画，忽然听到电视里的声音，就会丢下画了一半的画，跑去看一眼电视，等等。所以，孩子学习的"战线"往往拉得很长，效果还不一定好。针对孩子这种坏习惯，爸爸妈妈可商量好，孩子学习时，尽量保持安静的环境，排除与学习无关的因素，使孩子能专心于学习，加快速度也保证质量，慢慢就会养成高效学习的好习惯。

3. 加强沟通交流，激发孩子学习积极性

如经常与孩子进行交心式的谈话，向他讲述一些有关学习的故事和小常识，在逐步与孩子建立相互信赖的朋友关系的同时，也能使他认识到学习的重要性。当孩子在学习中遇到困难而又不能解决时，往往会对学习放松甚至放弃，出现分心现象。在这种情况下家长要提醒他，帮助他找出原

第7讲 拯救学习障碍
——让孩子主动去学习，其实一点都不难

因，克服暂时出现的困难，完成学习任务。当孩子在学习上取得一定成绩时，家长应及时给予表扬和鼓励，以激发孩子学习的积极性；当孩子出现学习分心的现象时，不要过分指责、批评。

4. 适当陪伴

孩子学习早期，学习的坚持性和注意力的集中程度是有限的，家长在一旁的陪伴对孩子是一种支持。家长也可在旁边专心做自己的事情，给孩子树立一个专心做事的榜样，不要总对孩子说话，给孩子创造一个安静的学习环境。

补上学习短板，攻克偏科问题

很多家长疑惑，自己的孩子明明很乖巧、很努力，其他科目都能学得好，为什么只有一科的成绩很差？要知道，一科拉分，总体成绩下滑，很可能会影响到孩子以后的升学。

姚笛是个非常乖巧听话的孩子，可虽然如此，爸爸妈妈仍然十分苦恼，这是怎么回事呢？原来，姚笛虽然懂事、不惹事，学习成绩也不错，但是数学一直是他的软肋，甚至考试不及格。虽然他很努力学习，父母和老师都看到了他的踏实和勤奋，可数学成绩一直没什么起色。妈妈给他报了补习班，一个暑假过去后，姚笛在数学方面的成绩仍然不理想。

后来爸爸妈妈主动到学校找到姚笛的数学老师，老师告诉他的爸爸妈妈，姚笛似乎对自己有偏见，经常在自己的课堂上看其他科目的书籍，提醒过好几次他才有所收敛。后来妈妈回家问姚笛在数学课上看其他科目书籍的原因，姚笛说："我不喜欢数学老师，她曾经当着全班同学的面训斥我！"找到了"症结"，爸爸妈妈便找机会将那位数学老师请到家里来做客，老师语重心长地对姚笛说："老师不是针对你，只是想让你更好地投入数学课的学习中，希望你的数学成绩和其他科目一样优异，只是老师用错了方法，你能原谅我并将精力投入学习中吗？"姚笛不好意思地低下了头，从那以后，他再也不在数学课上搞小动作了，数学成绩也提升了一大截。

其实，案例中姚笛的学习短板就是"数学"。所谓短板效应，就是指一个用木板拼接而成的水桶，一旦其中一块木板短于其他木板，那么水桶的容量就会受这块最短的木板决定，其他木板再长也不能弥补。这个简单的现象，却蕴含着深层的道理，在孩子的学习上同样适用。如果孩子偏科，那么整体成绩就上不去，所以攻克偏科才能从根本上提升孩子的成绩。

1. 帮助孩子认清偏科的原因

观察孩子哪科成绩好，哪科成绩不好，帮助孩子认清自己在不同科目上的优势和劣势。需要注意的是，这里并不是指让孩子根据自己的考试成绩进行简单的排序，而是要进行确实的分析，进而做出有可行性的指导分析。比如，孩子的英语基础还不错，但是考试的时候由于时间紧迫没能完成高分的题目或者没有理解语法等而导致分数不理想，就应当认真考虑学习方法是否适合本阶段学习，同时及时进行改进。有的孩子偏科是由于不理解开设各种课程的目的、意义，家长要给孩子讲清道理，让孩子懂得学好这些课程的意义，鼓励他们树立信心，端正学习态度。

第7讲 拯救学习障碍
——让孩子主动去学习，其实一点都不难

2. 帮助孩子解决学习中的困难

孩子在学习的过程中遇到困难，家长应给予帮助，还可和任课教师及时沟通，和学校密切配合，想办法给孩子补习功课。千万不要无视孩子偏科的现象。家长在支持、鼓励孩子的特殊爱好和特长的同时，还要鼓励孩子学好所有课程，这不仅是为了掌握多学科知识，更是为了培养孩子的综合应用能力，开发其智力，促进孩子从多角度考虑问题，对未来的发展大有益处。

3. 帮助孩子整理薄弱的知识

要让孩子养成考试后及时分析试卷的习惯。对试卷中耗时较多、摇摆不定、做错的题目进行认真、细致的分析，找出原因，是公式没掌握好，还是不理解语法，抑或是对古诗词的理解不到位，从而在此基础上进行补充学习。

4. 让孩子将更多的时间、精力放在较差的科目上

了解了孩子的学习"短板"之后，应该让孩子有针对性地在这些学科上多花费一些时间，有效提高这一学科的成绩。

时时紧盯，不如巧妙引导

家长都十分关心孩子的未来，在他们心中孩子只有好好学习，考上好大学才能出人头地、高人一等，这种思想已经根深蒂固，总是会将孩子的成绩与前途联系起来。如果发现孩子的学习成绩下降了，家长们便开始担

心着急；如果发现孩子的成绩有进步，那么家长便会无比开心。于是，为了让孩子学习成绩好一点，爸爸妈妈会紧盯着孩子的功课。

紧盯孩子的学习，对家长来讲可能会耗费很多的时间和精力。而对孩子来讲，他们会有一种被监督的感觉，从而很可能对学习产生一种抵触情绪。所以家长们要学会一种办法，既不用盯着孩子学习，又能够保证孩子考得好成绩，而最好的办法就是让孩子学会自主学习，引发孩子学习的兴趣。当孩子对学习产生兴趣之后，自然没有爸爸妈妈的监督，也会主动地去学习，并且门门功课都会考得更好。

紧盯着孩子学习，除了孩子的成绩别的都不关心，这种状态已经成为当今家长的"通病"。有的家长更是厉害，不断地追问孩子有关上课、考试的细节，生怕自己一会儿不看着孩子，孩子的学习成绩就会下降。正因为如此，家长们宁可不做其他的事情，也要盯着孩子的功课，对于孩子的课业和学习那是绝对的尽心尽力，而对孩子涉及情绪、周边关系的倾诉却十分淡漠。这种"冷热不均"的状态，会极大地影响到孩子的健康成长。然而事实上，孩子的心情和情绪，以及和同学、师生之间的关系都对孩子的学习成绩有一定的影响。更重要的是，家长应该教会孩子主动地去学习，只有孩子懂得了主动学习，爸爸妈妈才不用天天盯着孩子。即便爸爸妈妈不盯着孩子的学业，孩子也会学习得很好。

有些家长或许会说："不每天了解孩子的学习成绩，不天天看着孩子写完作业，我不放心。"于是，在生活中就会看到很多家长下班的第一件事情就是询问孩子的作业，询问孩子的成绩，甚至会翻开孩子的考卷，对孩子做错的题进行批评，认为只有对孩子的功课进行严格的管教，孩子才会在学习上更加优秀。其实，爸爸妈妈们会发现，这样做的结果并不好，反而使孩子更加厌倦学习，拖延学习。

第7讲 拯救学习障碍
——让孩子主动去学习，其实一点都不难

学习讲究的是一种兴趣，有了学习的兴趣会让孩子在学习上变得主动。如果孩子对学习提不起兴趣，那么尽管家长们再费心，孩子的成绩恐怕还是会亮起红灯。

阳阳最讨厌放学回家路上的那段时间，因为每天妈妈都会来接自己，而每次在车上妈妈问的第一件事情就是"学习"。阳阳已经上了二年级，但是他的妈妈对每天的学习都要了解，而对于其他的事情从来不问。要知道他每天见到妈妈的时候，最想将当天发生的事情都告诉妈妈。比如，今天和小朋友玩儿了什么游戏，今天老师夸奖了自己，今天小名和小雷发生了矛盾，等等。

今天妈妈照常来接他回家，在车上又一次问起了阳阳的功课："阳阳，今天考没考试啊？"阳阳没好气地说道："没有。"而此时妈妈又问道："那今天老师留作业了吗？"阳阳没回答，妈妈又问了一遍，阳阳点点头。妈妈似乎看出了阳阳不开心，然后就没有再问。

这一次阳阳考试没有考好，只考了班里的第5名，平时都是前3名。因为这件事情，阳阳的妈妈很着急也很生气，然后对孩子的学习更上心了，每天都会对孩子进行询问，并且还会给孩子增加作业。阳阳更加厌倦学习了，于是，在上课的时候，便开始不认真听讲，回家的时候，又开始拖延写作业，平时也不怎么爱说话了。渐渐地，阳阳的妈妈发现自己的儿子更不好好学习了。

家长关心孩子的成绩本不是一件坏事，但是千万不要紧紧地盯着孩子的学习。要想孩子学习好，就要培养孩子的自主学习能力，让孩子对学习产生兴趣，这样一来，即便爸爸妈妈不盯着孩子学习，孩子也能够学习得很好。如果阳阳的妈妈能够考虑到这一点，那么阳阳也不会对学习产生厌倦的情绪。

生活中，爸爸妈妈怎样做才能让孩子主动地去学习，即便不紧盯着孩子的学习，孩子的功课也能够门门都很优秀呢？

（1）每天"小汇报"的内容要加点孩子感兴趣的内容。在孩子回到家中之后，爸爸妈妈不要急于问孩子的成绩，要先问问孩子在学校发生的事情，让孩子自己讲述今天开心的事情。于是，孩子会将自己学习的情况主动地告诉父母，与此同时，孩子会觉得爸爸妈妈是在关心自己，自然对爸爸妈妈的询问不再抵触。

（2）让孩子独立完成作业。在生活中经常看到有的家长会在孩子写作业的时候，坐在孩子身旁指手画脚，很害怕孩子会出错，也不希望孩子出错。其实家长根本没有必要这么做，要让孩子独立完成作业。即便是出现错误，也可以在孩子做完之后再给孩子进行指导，这样不但能够锻炼孩子学习的积极性，同时还能够让孩子养成独立学习的习惯。

（3）激发孩子的学习兴趣。孩子对学习产生兴趣，才能够更加主动认真地去学习，所以家长应该想办法激发孩子的学习兴趣，比如，可以在和孩子做游戏的时候帮助孩子去学习。当孩子对学习产生兴趣之后，家长不用紧盯着孩子，孩子也会门门功课都很优秀。

（4）在孩子成绩进步的时候要夸奖孩子。当孩子考试有进步的时候，千万不要忘记夸奖孩子。当孩子考了好成绩之后，他们最希望的就是得到爸爸妈妈的夸奖，所以在这个时候要记得夸奖孩子，让孩子明白只要自己好好学习，爸爸妈妈就会开心，孩子便会主动地去学习了。

第7讲 拯救学习障碍
——让孩子主动去学习，其实一点都不难

孩子作业拖沓，不能靠打与骂

孩子做作业时精力不集中，写着写着就停，不知在想什么，写作业时的多余动作特别多，比如找橡皮；刚刚学过的有印象的字还要照着书看着抄下来，这一遍写完了，下一遍还是照着抄，不能连续地写；写作业不能独立完成……这一系列习惯上的拖延，真是让家长又急又窝火，怎么办？打骂吗？当然不行！行为习惯上的拖延，不能靠打骂，要靠训练。

有个妈妈下功夫观察儿子到底是怎么写作业的。她发现儿子写一个小时的作业站起来7回，一会儿打开冰箱看看有什么好吃的，一会儿打开电视看看动画片开始了没有，不到10分钟站一会儿转两圈，这样写作业能不磨蹭吗？

妈妈于是对儿子说："你是一个很聪明的孩子，但是我刚才给你数了数，一个小时站了7回，是不是太多了？我看你写一个小时的作业站起来3回就差不多了吧。"儿子觉得妈妈挺宽容的，便说："3回就3回。"妈妈继续说："你如果一个小时内站起来不超过3回，当天晚上的动画片随便看。"儿子听了高兴得不得了。妈妈又说："先别开心，有奖必有罚，如果你写一小时作业站起来超过了3回，当天晚上的电视就不能看，包括动画片。"

于是，母子协议达成了。

结果5天下来，儿子3天做到了写一小时作业站起来不超过3回，兴高采烈地看了动画片。但是有两天忘了，一到了6点钟就急，因为不能看动画片。可怎么央求妈妈也不能破例。

就这样，经过3个月的训练，这个孩子终于养成了专心写作业的好习惯。

还有一位妈妈，望子成龙心切，以前孩子不能按时完成作业，她非打即骂。后来她看了一本关于儿童教育的图书，颇受启发，渐渐改变了教育态度。

那个周末外出之前，她和儿子商定，在妈妈回来之前一定要完成作业，并叮嘱孩子累了可以适当玩一会，但不要边玩边学，这样玩没玩好，学习的效果也大打折扣。那天下午5点左右她回到家中，儿子躲躲闪闪、心神不宁，她猜想儿子一定是作业没完成，就顺口问了句："儿子作业写完了吗？"孩子不说话，先是把写好的语文作业和录音作业拿给了她，她看了看，语文作业倒是写得不错。但数学呢？她快步走进儿子的卧室，来到书桌旁，才发现数学作业只写了一点点。她的火气一下子就蹿上来了，但还是迅速忍住了。

她尽量让自己平静下来，并拿出那本教育图书，参考怎样处理眼前的情况。读完之后，她的情绪较之前舒缓了一些。看见儿子不敢来吃饭，她找个理由让儿子赶快过来吃："儿子，吃完晚饭后想去跟教练打会乒乓球吗？"孩子迟疑了一会儿，他大概还在等待妈妈发火，因为这是妈妈之前的一贯做法。妈妈和颜悦色地又问了一遍，这时孩子也消除了胆怯，坐在餐桌旁吃饭了。

吃完饭，她和孩子一起去打乒乓球，那天恰巧教练不在。于是母子二人散起步来，她边走边拉着孩子的手，这样双方的情绪慢慢都缓解了，她

第7讲 拯救学习障碍
——让孩子主动去学习，其实一点都不难

见儿子彻底平静了，才开口问道："儿子，对于没有完成作业这件事，你怎么看？""哦，我错了妈妈，我这样做很不好！""你还记得咱们对完不成作业是怎么约定的吗？""记得：一个星期不准看动画片。"于是按照约定，孩子答应一个星期不看动画片。

回到家中，她又问儿子，以后怎么克服这种情况？孩子想了很久，也没有想出合适的办法，他觉得自己还是需要妈妈来监督。妈妈没有认同，建议孩子再想想，或许能想出更好的办法能让自己按时完成作业。另外，她也在反思自己，在给孩子布置作业的过程中，有没有完全征得孩子的同意？是不是成了霸王条款？会不会孩子因此嫌作业任务太重而产生畏惧和懈怠呢？她觉得自己还有很多需要改进的地方。

尽管针对这件事，孩子还没想好怎么去做，但她还是挺开心的，因为自己首先改变了以往处理问题的方式，用温和的方式让孩子反省自己的错误，并把责任还给了孩子。她相信孩子一定能想出解决问题的办法，并一定能做到：即使没有别人监督也能按时完成作业。

孩子磨蹭，打骂就有用吗？显然不是，这往往只会起到反作用。孩子拖延，爸爸妈妈首先应该让孩子认识到，动作慢、爱拖延是一个行为习惯上的问题，可以告诉孩子动作慢会造成什么严重后果，或者让他吃一次小亏，孩子以后在同样的问题上就会记住教训了。

那么，针对孩子写作业拖沓这件事，家长们应该用哪些方法加以纠正呢？下面，给家长们综合一下教育学者和聪明爸妈的妙招：

1. 1分钟能做多少事

（1）准备几十个简单的加减法口算题（根据年级不同，难度可以不同）。在1分钟之内，看孩子最多能做多少道题。让孩子感觉到，1分钟都能做十多个小题，而自己写作业的时候，有时候几分钟也写不出一个小题。

（2）找一些笔画和书写难度相当的生字，看孩子在一分钟内最多能写出多少个字。记下每次的情况，并进行对比。

这样的训练能够使孩子体会到时间的宝贵，并认识到，原来1分钟可以做很多事情。在引导孩子珍惜时间的同时，也能提高孩子的做题速度和写字速度。

2. 和孩子一起学习

和孩子一起制定一个完成作业的时间表，帮助孩子养成良好的做作业习惯。每天固定时间来做家庭作业，如果没有作业，这个时间段内也要学习，让孩子养成固定时间学习的习惯。

除了鼓励孩子完成家庭作业外，家长还应该鼓励孩子学会在阅读时做笔记、学会看图表、学会用自己的语言总结阅读的内容、制作记忆卡片等。在孩子做作业的时候，爸爸妈妈不妨也看看书，让孩子感到父母是和孩子一起努力。

3. 和孩子比赛看谁快

训练缩短孩子生活自理行为的时间。比如，和爸爸妈妈比赛穿袜子，看谁更快。在比赛之间先教孩子穿得快的方法，手把手地训练。家长在比赛时，可以故意放慢一点，让孩子觉得有取胜的可能。甚至有时候不经意输给孩子，让孩子觉得自己能做得快。让孩子在生活中做事快，在学习中才会快起来。

4. 给孩子营造良好的学习环境

孩子在做作业时，家长尽量不要一会儿给孩子递个苹果，一会儿又让他喝杯牛奶等。有时候，家长的"特别照顾"，反而会影响孩子做作业的思路，使他很难集中注意力，导致做作业的时间拖延得比较长。如果有可能，在家里给孩子布置一个安静、舒适、光线良好的学习区域。这可以在

第7讲 拯救学习障碍
—— 让孩子主动去学习，其实一点都不难

家里的任何地方，不一定非得有一个专门的房间，但最好固定下来，不要让孩子每天换一个地方。

5. 灵活安排作业时间

孩子放学后，如果有有益的电视节目，孩子又非常想看，不妨让孩子把电视看完再做作业，不然他做作业时心里也会一直惦记着电视，作业也会做不好；但一定要给孩子讲明，看电视和做作业是有轻重和主次之分的，只有在不影响学习的前提下才可以通融。

总之，孩子做作业磨蹭，家长一定要用耐心和爱心帮助孩子逐步改正，不要操之过急。要注意总结方式方法，不断提高孩子的速度。

一考试就焦虑，怎么帮孩子稳住自己

很多家长在面对孩子不理想的成绩时都会说上一句："我们的孩子这次考试的时候紧张了，没发挥好。"考试焦虑主要表现为着急、烦躁、注意力不集中、睡眠质量不好等，家长虽然有所察觉，却无可奈何。

王洪多从小就是个聪明好学的孩子，成绩也不错，逢人便被夸，她可以说是全家人的骄傲。但是升初中考试的前几天，王洪多却突然变得行为举止有些异常，常常把自己关在房间里，整个人看起来也没什么精神，茶不思、饭不想。爸爸妈妈都看到了王洪多的变化，想要安慰她，可她却似乎不想知道爸爸妈妈要对自己说些什么，转身就走到自己的房间。后来爸爸打电话给学校里的老师，老师发现了王洪多的异常，她最近几天因为一件小事和同学吵了架，平时她可是非常温和的，可是最近显得有些烦躁、沉默。后来爸爸妈妈在老师的帮助下终于打开了王洪多的心扉。

原来，在王洪多的心里，自己从小就是爸爸妈妈的骄傲，无论何时何地都不能出错，这次升初中考试关系着分班，她想分到优秀的班级里，所以一直在努力学习，可越是努力，自己就越是记不住单词，解不开数学题，内心十分苦恼，也就有了上述表现。妈妈对王洪多说："你一直以来都是爸爸妈妈的骄傲，但并不是因为你的成绩好爸爸妈妈才喜欢你、疼爱你的，而是因为你是好孩子，聪明、体贴、温和，不管考试的结果如何，只要你努力了，在爸爸妈妈眼中就是最优秀的！"王洪多听到妈妈的话，眼泪不自觉地流了下来，一下子扑到了妈妈的怀里。

案例中的王洪多从小就是个优秀的孩子，慢慢地内心之中就形成了"我不可以不优秀"的压力，一旦自己的成绩不理想，她就会产生负罪感，"好成绩"成了她的负担。的确，孩子的学习压力很多时候都是来自于外界，包括老师、父母、同学等，但压力终究不过是一种精神状态，可以被消解，父母应该帮助孩子平衡他的内心，正确处理考前焦虑。

1. 鼓励孩子"你能行"

不管做什么事，自信对于一个人来说都是非常重要的，它关系着一个人的潜能是否可以被挖掘出来。很多科学研究表明，人的潜力是非常大的，但是多数人并不能有效开发这种潜能。如果你有这种自信力，你就会拥有必胜的信念，可以让你迅速摆脱失败的阴影。反之，如果一个人丧失自信，就会一事无成，容易陷入永远的自卑中。孩子之所以会出现考试焦虑，主要是因为对考试结果的期望过高。如果孩子可以抱着轻松的心情，不在意考试的结果，那么他就可以心平气和地面对考试了。家长应该鼓励

第7讲 拯救学习障碍
——让孩子主动去学习，其实一点都不难

孩子"你能行"，同时告诉孩子不要太在意考试成绩，这样孩子就可以控制自己的焦虑情绪了。

2. 帮助孩子考前减压的方法

（1）劳逸结合。避免孩子将过多精力放在学习上而放弃身体活动。有的孩子觉得时间宝贵，将平时锻炼身体的时间都节省了，家长要提醒孩子进行适当的体育活动再学习，这样学习的效率也会更高。

（2）考试前增强自信，择要复习。告诉孩子复习要抓重点：老师明确强调的重点内容；自身学习的过程中遇到的薄弱环节，即容易忘记和出错的地方。

（3）考试前要放松精神，保证睡眠充足。考试前不能挑灯夜读，牺牲睡眠的时间去复习功课。考试之前尽量做些放松身心的活动，如散步、听音乐等，尽量早休息，避免思虑过度，筋疲力尽。

（4）考试当天按时到场。考试当天，用餐时要注意吃好，给自己充足的时间补充身体能量，最晚在考试前1个小时用餐完毕，吃得太晚太饱，很容易因为大脑缺血而影响考试时的正常发挥。可在考试前20分钟到达考试地点，来得太早，可能由于发生一些事而分散注意力，影响到自己的考前心态；到得太迟，准备时间不充分，进入考试状态的时间也短，最终导致心慌意乱，造成失误。

3. 家长先要稳住自己

当比较重要的考试来临时，家长可能也比较焦虑，督促孩子抓紧时间。这种情况应当避免，因为家长会将自己的焦虑传递给孩子。家长需要尽量保持平静，如同对待一般的考试一样，这样孩子才不会受影响。

※ 智杰点津：让孩子学不如教孩子学

很多家长发现，即使自己每天都督促孩子要好好学习，孩子也很听话，埋头苦读，但是最后的成绩却总是不怎么理想。为什么自己的孩子那么用功就是学不好，而别人家的孩子成天玩却赶超自己孩子一大截呢？

雷婷婷是家里的独生女，虽然是独生女，可并没有享受到父母过多的宠爱；反之，家人对她的管教倒是很严，不许做这个、不许做那个、不许和这个交朋友、不许到那个地方去玩……总之，约束她的规矩数也数不清。

每天放学之后，她的数学老师妈妈就会站在家门口要求她背数学公式，背不下来就不许进家，而且还要打手板。考试成绩不理想甚至会被妈妈罚面壁思过。

再看看雷婷婷的表妹冯玲玲，父亲整天炒股，妈妈忙于工作，家里几乎没人看管冯玲玲，有时候晚饭没人做，玲玲还要来姑姑家"蹭饭"，但是冯玲玲班级第一的排名却从来没被人挤下去过。一天，姑姑问冯玲玲："玲玲啊，你看你表姐那么努力，怎么成绩老是赶不上你啊？"冯玲玲却说："表姐压力太大了，她每天要背那么多东西、做那么多题，用脑过度了，等到最重要的老师讲课的时候她却没有精力听了。您看看我，每天上课的时候认真听讲，一下课我就出去玩，放松大脑，给下一节课要学的知识'腾地方'，这样学习效率自然比表姐高啊。"姑姑这才恍然大悟，是自己的教育方法出了问题。

很多家长都遇到过这种情况，自己的孩子再怎么努力都让人感觉力不

第7讲 拯救学习障碍
——让孩子主动去学习，其实一点都不难

从心，学习效率很低。其实，这主要是因为孩子没有属于自己的学习方法，家长可以帮助孩子掌握好的学习方法，提高孩子的学习效率，让孩子轻轻松松达到学习目标。

1. 激发热情、调整心态

家长可以通过一些游戏来激发孩子在某方面的兴趣。比如，孩子小的时候，家长可以采取和孩子玩讲故事、成语接龙的方式，培养孩子的语言表达能力、积累词汇量；通过玩扑克牌猜点数培养孩子的算数与记忆能力；在家中做些简单的小实验激发孩子对物理、化学的兴趣等。等孩子稍大一些，家长也可以根据孩子的性格特点、兴趣爱好找出突破点。比如，有的家长发现自己的孩子对画画很感兴趣，每天放下书包就是对着家里的花花草草画上一阵子，久而久之，竟然画得有模有样，家长不妨趁机帮孩子报班，提高孩子的绘画水平。适合孩子的学习方法一定是建立在孩子的学习兴趣之上的，应当尊重孩子的个体差异，充分考虑孩子的优势，帮助孩子寻找出属于他的"金钥匙"。

2. 合理安排孩子的学习，提高孩子的学习效率

每个人都存在个体差异，每个人的生活习惯都是不同的。比如，有的孩子在晚上的学习效率最高，而有的孩子在早晨的学习效率最高，有的孩子在临睡前的记忆力最好，父母应当留心观察，只有这样才可以帮助孩子进入学习状态，提高学习效率。

3. 帮助孩子找出学习的小窍门

家长们都很关心如何帮助孩子找出学习的小窍门，可以从以下几点着手：平时不要给孩子太多的压力，鼓励孩子适当多看书，或者陪孩子做适当的体育锻炼，让孩子保持平和的心态。家长还可以帮助孩子制订切合实际的学习计划，定期了解孩子的学习表现，多鼓励孩子，让孩子保持积极

的心态。

4. 提高孩子解决问题的能力

父母在帮助孩子找出适合自己的学习方法的同时，还应当培养孩子自主学习和正确的思维方式，这有助于提高孩子的成绩和综合素质，帮助孩子稳步、持续提升学习效率。

第8讲　陪孩子玩起来
——父母科学陪玩，孩子赢得一个好未来

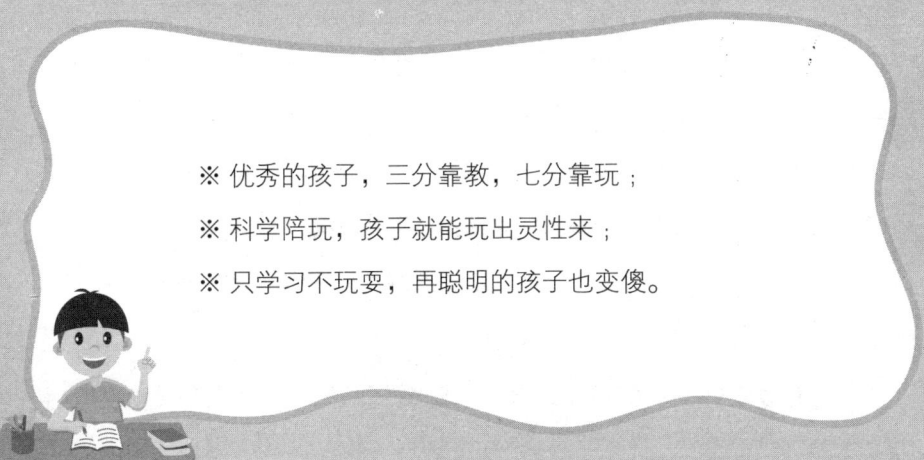

※ 优秀的孩子，三分靠教，七分靠玩；

※ 科学陪玩，孩子就能玩出灵性来；

※ 只学习不玩耍，再聪明的孩子也变傻。

孩子淘气时，其实有金子可挖

孩子精力旺盛，不停地惹是生非，给父母带来了无尽的麻烦。对于这样的孩子，一般家长的教育策略就是：严加管教，然而这样做效果并不好。有的孩子越管越"皮"，处处和父母对着干，无法无天地淘气；有的孩子被家长管得老老实实，对什么都没兴趣，家长让做什么就做什么，失去了自己的个性。其实对淘气孩子的最佳管教方式是：在约束中纵容，但要注意引导孩子向好的方面发展，让孩子在淘气中学到东西。

欧美很多国家对儿童教育的研究显示，淘气的孩子往往具有坚强的意志力，而且通常很聪明。事实上，有时候孩子的淘气行为就是他具有开拓精神与创造力的一种表现。所以，父母应避免过分压抑孩子的反抗心理，顺势而为，开发"淘气包"的聪明潜力。

为了有效地开发淘气孩子的潜能，让孩子从错误中成长，专家给出了以下建议：

1. 引导孩子改过

接纳孩子已犯的错误，注重事后的引导，是十分重要的。同时，给予孩子改过的机会，使其从改过的过程中领悟出道理。

"纵容"孩子淘气，并不等于对他们的过错不闻不问，否则，亦达不到启发孩子的效果。所以，给予孩子正确解释，让他们知道犯错误的原因

第8讲 陪孩子玩起来
——父母科学陪玩，孩子赢得一个好未来

何在，请孩子想想避免或改过的方法，从中学习。

2. 不要随便责骂孩子

责备孩子前，先站在孩子的立场设想一下，想想他们的能力、感觉。例如，孩子吃饭时打破了饭碗，家长可以对孩子说："饭碗太大了，你的小手不够大吧？所以，吃饭时就最好不要东张西望、看电视啦！"如此，孩子也就觉得父母替自己设想，不是完全责怪自己，会发自内心地自我反省，不再存心推卸，并尽力避免下次再犯。

3. 帮孩子分担一部分责任

替孩子分担一小部分责任，减轻他们的心理负担，亦有助于他们反省。在孩子年龄较小时，不应给予太多责备，目的只在于给他们认错、思考、吸取教训的机会。

需要注意的是，"纵容"孩子淘气，关键在于引导孩子，让孩子在淘气中有所得，若一味纵容孩子而不加引导，那就是溺爱孩子了。

科学陪玩，玩出一个小天才

孩子贪玩，是一个令父母感到头痛的问题。其实，父母们应该知道，玩是孩子的一种天性，是他们对周围世界感到好奇的行为表现。事实上，很多孩子往往是在玩耍中学到知识，加深对客观世界的认识的。哈佛大学著名儿童心理学专家组成的"发现天赋少儿培育计划"课题组，在对世界各地近 3000 名 10 岁以下儿童进行跟踪调查后发现,在被认为是聪明过人的孩子里,87%都有"强烈的好玩之心"。因此不要把孩子限定在家长规定的"框架"里,"纵容"孩子开怀地玩耍吧,也许就培养出一个好玩的好孩子。

徐宁从小就是个特别贪玩的孩子。每天放学后,徐宁不是拿着他自制的"捕虫器"到田野里捉虫子,就是带着其他几个孩子拿着一个放大镜到田间地头观察庄稼的叶子。

有一段时间,父母对徐宁贪玩的行为十分恼怒,还多次没收了徐宁的一些玩耍工具。但这并不能阻止孩子的贪玩,徐宁总是有很多的"鬼点子",今天玩耍的工具被没收了,明天他又能做出一个其他的玩耍工具。老师说徐宁够聪明,只是没有把主要精力用在学习上,所以学习成绩平平。爸爸妈妈更是着急,不知道究竟怎么办才好。

小学毕业后,徐宁并没有考进"重点"中学,在一所普通中学里,学习成绩也只是"中等偏上"而已。但徐宁制作航空模型的水平却是出了名的,他制作的航空模型不但在学校和市里获了奖,而且还参加过省级赛事。2002 年,徐宁还是一名初三的学生,那一年在老师的指导下,由他设计的航空模型获得了全国大奖……

教育家认为:对于孩子来说,玩是学习,游戏是学习,学习本身也是学习。事实上,也很难找到一个不喜欢玩的孩子!父母之所以害怕孩子玩,是怕孩子玩得太出格了,因此限制孩子玩。

一个懂得教育孩子、会培养孩子的父母,理应把陪孩子玩当成亲子教育中最重要的一环。让孩子充当"玩"的主角,感受玩的乐趣,在玩中加深对世界的认识,这才是家长的任务。

在与孩子玩的过程中,父母可结合"玩"的内容,培养、引导孩子对

第8讲 陪孩子玩起来
——父母科学陪玩，孩子赢得一个好未来

事物的兴趣。比如，捉蜻蜓后，引导孩子观察蜻蜓的外形，看看它们各有什么特征，有什么相同和不同的地方，再把它们与其他种类的昆虫比一比，让孩子对自然界的各种小生物产生兴趣。

陪孩子玩，也是引导孩子开阔视野、开拓思维的好途径。比如，父母发现孩子喜欢玩汽车玩具，在陪玩中就可向孩子介绍不同种类的汽车，以后再带孩子去参观汽车展览会，扩大孩子的眼界，孩子会饶有兴趣地了解各式各样的汽车，在现实生活中又和孩子一起观察汽车，获得更多的知识，启发孩子的求知欲望。

同时，玩也是培养孩子良好品德的有效方法。父母在陪孩子玩的过程中，可以针对各种情况进行品德的培养。如带孩子去公园，要教育孩子爱护花木，爬山时不怕苦、不怕累，不要破坏文物等。带孩子看电影，就应跟孩子一起做个文明的观众，不大声喧哗、不乱丢果皮纸屑，等等。

为了帮助家长们更科学地陪玩，建议家长在3个方面多下功夫：

1. 观察孩子的喜好

对于贪玩的孩子，父母应该注意细心观察孩子爱玩什么，怎么玩……分析这样玩对孩子身心健康是否有益，是否妨碍和伤害到其他人的利益，是否对社会环境产生不良的影响等。千万不要不分青红皂白就对贪玩的孩子主观地横加干预。

2. 引导孩子玩

贪玩的孩子兴趣爱好往往十分广泛，聪明的父母不是限制孩子玩，而是把孩子的爱好引向更科学、合理，有助于身心健康的方面。如果孩子爱好广泛又比较贪玩，他们往往玩起来认真投入，不能自制。父母应该怎样做呢？不妨看看下面这个例子：

小宇喜欢踢足球，放学后就在楼下的小路上踢。尽管场地狭小，仍然玩得汗流满面，还曾踢碎过人家窗户的玻璃。后来父母分析，孩子喜欢踢足球是件好事，他在体育课中的长跑项目没有达标，而踢足球也是锻炼长跑的好机会。于是父母阻止了孩子在楼下踢球，而是在周末带他到学校的操场上去踢，这一下孩子玩得更尽兴了，这样做既保护了孩子的兴趣，又强化了体育课中孩子的弱项。

3. 帮孩子合理安排玩的时间

孩子的兴趣广泛，又得不到合理的安排，往往在玩的时候投入的精力多，占用的时间长，没有节制地玩，造成"贪玩"。改变孩子贪玩的现象，应该是父母帮助孩子合理地安排和选择"玩什么""怎么玩"和"什么时间玩"，使孩子能够在"玩"中受益。如父母不妨训练孩子的骑车、游泳等基本技能，有条件还可以经常带他们郊游、爬山、参观博物馆等。

孩子在"玩"的过程中不仅能开阔眼界，同时也能增长知识。因此家长应当鼓励孩子去玩，不要把孩子的一举一动都限制在框框里。

允许"破坏力"，激发创新力

给孩子新买的电动车，被孩子拆得七零八落；爸爸旅游时带回来的工艺品小木船，也被孩子给"分解"成一块块碎木片……这几乎是每位家长都会遇到的情况，那么家长们在这种情况下通常会有什么反应呢？大声呵斥？耐心劝导？在此给家长的建议是，不妨纵容孩子一次，满足孩子的好

第8讲 陪孩子玩起来

——父母科学陪玩，孩子赢得一个好未来

奇心，让孩子在"搞破坏"中提高创造力，不也是一件好事吗？

希尔是个生活刻板严谨的人，做事情总是规规矩矩。但这么一个讲究纪律的人，却有一个最调皮捣蛋的儿子布鲁克林。

布鲁克林是个9岁的孩子，成天都在不停地动，不知疲倦地摔碎器皿，弄坏东西，惹是生非。他与他的父亲在个性上是两个极端，因此两父子之间的战争一天之中不知要发生多少次。

有一次，布鲁克林把舅舅送给他的望远镜拆开了，想看看里面究竟藏了些什么，这自然会招致他父亲的愤怒。不过，拆东西可算是布鲁克林最大的爱好了，凡是让他感到好奇的东西，都逃不过被拆的命运，当然因此他也没少挨父母的打骂。可是无论父亲怎么打骂，他的这个毛病始终也改不了。

还有一次，布鲁克林竟然把一块金表拆开了，要知道这块表是布鲁克林故去的爷爷留下来的遗物，有70多年的历史。希尔一直十分珍惜，从不离身。不久前表出了点故障，必须拿去修理，哪知还没来得及修，就被他这个调皮的儿子给翻了出来。现在这表被大卸八块，零件散落了一地。希尔立即暴跳如雷，一耳光将儿子扇得坐在地上，而且还准备再冲上去打他一顿。

然而妻子却拦住了他："请不要打了，你这样打孩子太过分了。"

希尔火冒三丈地说："不，这是他应得的！你看他把我的表弄成了什么样子。"

"布鲁克林是弄坏了表，但是你认为一块表比自己的儿子更重要吗？"

这时，布鲁克林抽抽咽咽地辩解说："我没弄坏表……我只想帮你把它修理好……"

妻子在一旁气愤地说道："不管布鲁克林是修表还是拆表，你都不应该打他，恐怕又一个'爱迪生'就这样被你给'枪毙'了。"

希尔愣了一下，问道："我不懂你这话是什么意思？"

"孩子拆开金表，他也只是想知道金表里到底有什么，这是一种好奇心，这是有求知欲和想象力的表现，也是一种创造。如果你是一个明智的父亲，就不应该打孩子，而应该理解孩子，要给孩子提供从小就能够动手的机会。"

妻子的话给希尔很大触动，当天晚上他带着金表零件来到儿子的房间，在真诚地向儿子道了歉之后，主动提出和儿子一起修理金表。小布鲁克林原谅了父亲，并答应和父亲一起修理。在这个过程中，希尔才发现儿子原来如此聪明，手指也非常灵巧，他记得零件应该放在什么位置，甚至还能说出一些零件在手表中所起到的作用。

研究人员发现，手指活动灵巧的孩子，大脑的思维活动往往非常活跃。在手工活动中，孩子进行的拆装、粘接、装配等一系列动作，都要通过听、视、触等感觉系统传入大脑的运动区，再由大脑的运动区发出指令，不断地调整手的动作，这样反复循环刺激，能使脑细胞的功能得到加强，思维水平得以提高。因此，孩子在他们感兴趣的手工活动中，能够得到智力的开发。

遗憾的是很多父母在不知不觉中，总是以种种理由抑止孩子这一好奇心驱使下的美好天性。

家长在教育孩子时不要怕麻烦，认为孩子搞手工劳动要摊放材料、工具，弄得家里凌乱不堪；也不要怕孩子弄脏衣服、弄脏了手。父母不妨为孩子提供专门的衣服、擦手的抹布。至于孩子使用剪刀、针等危险工具，父母开始可以指导孩子使用，以后再逐步让孩子独立使用。这样既可以避免孩子初次使用时受到伤害，也能达到训练孩子心、眼、手的协调性和灵活性的目的。实际上，在一些"破坏活动"中，只要注意培养孩子的一些好习惯，许多问题都可解决好。父母千万不要因小失大，使孩子失去锻炼自己的机会。

家长不仅要纵容孩子搞"破坏",还要鼓励孩子把破坏掉的东西复原,这样才能使孩子动手的信心得到加强,有利于孩子创造能力的发展。

在游戏中实现男孩的"将军梦"

每个人小时候都有梦想,梦想着自己可以是一位科学家、教师、医生等。在很多男孩子的心目中都有一个将军梦,梦想着有一天自己可以穿上铠甲,骑着高头大马,在战场上指挥将士拼杀,英姿飒爽。所以爸爸妈妈们不妨给孩子实现"将军梦"的机会,让孩子从小就能够勇敢地去面对困境。

从男孩过来的爸爸们也有过梦想当将军的时候,好多古装电视剧里面的将军,都是那么英勇帅气,手下还统领那么多的战士,在战场上指挥战士们作战。看到这些将军能不羡慕吗?现如今的小男孩同样都有一个将军梦,他们希望自己可以是那么威武,指挥几百号的人,享受作战胜利后的喜悦。面对他们的将军梦,家长应该积极支持,多多给他们机会,还可以把自己对将军的理解解释给他们,告诉他们怎样做好"将军"。当然,这样做的目的就是要培养孩子勇敢坚强的意志,同时让孩子变得更加机智多谋。

不一定非得是在战场上作战杀敌的才算得上是将军。爸爸妈妈可以多讲一些与将军有关的故事给自己的小男孩听,让他对将军的身份以及将军的威武有更深刻的理解，从而建立正确的将军梦，不致多走弯路，适当地让他们扮演一下将军，多做些有意义的事情。所谓的"将军梦"其实就是让孩子明白，做事情一定要有足够的智慧，不管是在生活中还是在真实的战场上，都要有一定的计谋，这就要求孩子具备机智的头脑。爸爸妈妈要从小培养孩子机智的头脑，让孩子在危急情况下能够做到"临危不乱"。

在生活中，困难时不时地就会来到我们的面前，所以家长们要想让孩子能够面对突如其来的困难，那么就要培养孩子勇敢的生活态度，这也是"将军"身上所能够体现的精神。每一个孩子都需要勇敢，不管是战场上的敌人还是生活中的挫折，都需要用勇敢的心态来面对，因此，对于孩子来讲，拥有将军梦也就能够学到将军们的勇敢。

为了培养孩子勇敢的心态，可以给男孩树立一个"将军梦"，让孩子从小就喜欢上那些勇敢的人物，让孩子知道那些真正的大将军身上拥有的积极方面的精神，比如正义、英勇、坚强等，这样孩子自然会模仿这些好的精神，从而渐渐地培养孩子正面的精神因素。这其实是一种很好的办法。

在某小学五年级的一次班级活动中，班里开展了一次角色扮演小舞台剧。这部小舞台剧讲述的是位英勇的将军带领他的士兵，保卫自己民族的故事。剧中的将军沉着冷静，善于作战技术，他领导的军队节节胜利。而扮演剧中英勇将军的就是五年级一班的班长天意，他不仅学习好，还经常帮助别的同学学习，很具有领导力。

天意小朋友把将军扮得有模有样的，尤其将这位将军的英勇善战，还有他的领导才能表现得淋漓尽致，好像他就是这位将军一样。坐在台下的爸爸看了心里感觉很高兴。面对敌人的攻击，小天意沉着冷静地安排将士

第8讲 陪孩子玩起来
——父母科学陪玩，孩子赢得一个好未来

们："你们去守护好我们的粮草，不能让敌人抢了去，其他人分散开隐蔽起来，听我的口令。"说罢带着将士们作战。在作战中，天意还不时地大喊："冲啊，为了我们的民族冲啊，把敌人全部消灭掉。"这部舞台剧以天意将军的作战胜利而结束。

在那次演出之后，天意的爸爸发现自己的孩子比原来勇敢了很多，天意的爸爸说："记得有一次，我跟他一起出去，看到了一个个头很大的狗，当然大人们知道这是藏獒，而孩子小不知道，他当时就吓得大哭了起来。而现在完全不是这样了，他看到狗之后不但不会害怕，还表现得十分镇静，孩子也变得越来越懂事了。"天意的爸爸说得很兴奋："记得一次，我问他为什么这么勇敢，没想到他却说自己长大后要当将军，要和将军一样勇敢。"

天意的爸爸又举了一个例子，他说以前儿子从来不敢自己下楼玩，而现在每次都是跟我说一声之后，自己便跑下楼去了，发现孩子长大了不少。

在男孩心目中，自己的爸爸就是一位非常棒的将军，对于自己的爸爸更多的是敬仰、佩服，也愿意服从。但是，他们也有叛逆的时候，那就是不听从将军爸爸的指挥，自己做将军领导别人。而家长应该给孩子一个"将军梦"，因为当孩子有了这个梦想之后，就会效仿那些将军，变得更加坚强和勇敢。就如同小天意一样，他有了"将军梦"之后，变得勇敢了不少，这是爸爸应该感到骄傲的事情。

儿子想要实现自己的"将军梦"，爸爸妈妈需要为他做些什么呢？

1. 做好榜样示范作用

因为儿子都崇拜自己的爸爸，那么爸爸就应该注意自己的言行举止，尽量不要将一些不好的习惯表现出来，因为小孩子的模仿能力很强。爸爸们应该给男孩树立一个遇事冷静不慌的榜样，合理安排事项，加强逻辑性。同时，爸爸们还应该给孩子进行讲解，让孩子明白那些将军们身上到底具备什么精神，让孩子明白在生活中就可以当一名"将军"。

2. 多用故事的方式来让男孩学习

小孩子都对故事比较感兴趣，如果用硬邦邦的语言来告诉他，他不一定能够很好地理解接受。可以采用讲故事的方式把烦琐的道理清楚明了地讲给他听，这样更有利于培养他的领导力，更能把他带入这个环境中，让孩子亲身体会一下不是更好吗？孩子爱听故事，所以用故事来告诉孩子怎么样来实现自己的"将军梦"，不但能够让孩子更加感兴趣，还能够比较直观地让孩子明白勇敢的含义。

3. 游戏中实现小男孩的"将军梦"

按照小男孩的心理发展特征，设计一些符合他年龄段的小游戏，爸爸妈妈一起参与。爸爸妈妈要当士兵，而不是当将军。这样小男孩才会感受到自己领导别人，受人敬仰的滋味。其实，只要他可以领导自己的爸爸妈妈就很高兴了，家里的顶梁柱都受自己领导，还有什么他领导不了的？总之，爸爸妈妈要多参与游戏，与孩子一起实现梦想。在游戏的过程中，一定要注意锻炼孩子勇敢的意识，以及让孩子明白所谓的将军梦就是要让他学会将军身上好的气质和精神，学习将军的精神，而不是单纯地要做将军。

第8讲　陪孩子玩起来
——父母科学陪玩，孩子赢得一个好未来

利智游戏，培养孩子想象力

天空是飞机的世界，学习就像飞机在知识的天空中飞翔，而想象力就是飞机的翅膀，有了想象的翅膀，飞机才能够在知识的天空中飞翔。

达尔文从小就是一个想象力很丰富的孩子，他尤其热爱大自然，喜欢探险、采集各种标本。

他的父母对培养儿子的想象力很重视，总是想方设法地满足孩子的兴趣和爱好，鼓励他努力学习，探索真理，这为达尔文以后成为闻名于世的生物学家产生了很大的影响。

一天，小达尔文和妈妈一起到花园里种树。妈妈对达尔文说："泥土是个宝，小树只有在泥土中才能长成参天大树。别小看这泥土，它能长出青草，青草又喂肥了牛羊，我们才有奶喝，才有肉吃；是它长出了小麦和棉花，我们才有饭吃，才能填饱肚子，才有衣服可以御寒。泥土太宝贵了。"

这些话让小达尔文想到了一个问题，他疑惑地问："妈妈，那泥土里能不能长出小狗来呢？"

"当然不能呀！"妈妈笑着说，"小狗不是从泥土里长出来的，是从狗妈妈的肚子里生出来的。"

达尔文又问："我是妈妈生的，妈妈是妈妈的妈妈生的，对吗？"

"对呀！所有的人都是他自己的妈妈生的。"妈妈微笑地回答。

"那最早的妈妈又是谁生的？"达尔文接着问。

"是上帝！"妈妈说。

"那上帝是谁生的呢？"小达尔文穷追不舍地问。

妈妈一时答不上来了。她对达尔文说："儿子，世界上有好多事情对我们来说是个谜，你快快长大吧，这些谜需要你去解释呢！"

就这样，达尔文怀着想象，不断地去探索、追寻，最后他成为闻名于世的生物学家。

如果达尔文没有想象力，那么今天的"进化论"也许就不会存在了。而达尔文父母的最成功之处，就在于支持了儿子的想象力。

每个孩子都有自己独特的想象空间，不同的父母将挖掘不同的宝藏。所以，父母要让孩子拥有丰富的想象力，帮他们挖掘出最大的宝藏。

培养孩子的想象力，就应该支持和鼓励孩子的"异想天开"。现代速算法的创始人史丰收能有震惊世界的成就，就得益于他小时候的异想天开。

史丰收小时候总是做一些"离谱"的事，说一些"异想天开"的话。他曾把死兔子放在炕上，想把它烤热救活，他也曾缠着大人问人死了为什么不能再活……

上幼儿园时，老师教孩子们写"大""小"二字，史丰收却按照自己的理解将"小"字倒过来写。老师给他纠正，说他写得不对，但小丰收不服气地辩解说："'大'字两条腿向外伸得大大的，'小'字两条腿应该向中间缩得小小的。"他的一番荒诞不经的解释让老师又好笑又好气。

后来，上了小学，在学四则运算的时候，史丰收提出一个"离经叛道"的问题："运算时能不能从高位算起呢？"老师没有批评他问得奇怪，

第8讲 陪孩子玩起来
——父母科学陪玩，孩子赢得一个好未来

而是鼓励他说："古今中外，几千年来都是从低位算起的，这是古人总结的经验，你要是有本事，也可以发明创造嘛！"

正是老师在课堂教学中站好了创新的制高点，对史丰收的成长给予了鼓励，才使他在那个特殊的年代，一直"异想天开"下去。他不但天天想、时时想，而且无论是吃饭时，还是在走路时，他都在想象着。长大后，他终于成了中国家喻户晓的名人。

由此可见，支持孩子的"异想天开"，会使孩子在将来得到意想不到的收获。

培养孩子的想象力，家长可以参考以下几点去做：

1. 在游戏中提升孩子的想象力

游戏是孩子的主要活动，父母可以在孩子游戏时鼓励他们自己提出游戏的主题和内容，如果形成了习惯，孩子的想象能力就会迅速得到提高。

2. 让孩子多接触图画，包括多看和多画

父母应多带孩子观察大自然和多看知识性、趣味性强的图片，这些是孩子展开想象的立足点。在此基础上教孩子画画，鼓励其把头脑中想象的东西画出来。开始时，父母可以先画一些基本线条，告诉孩子要画什么，再让孩子根据自己的想象把画画完。孩子喜欢画画，父母最好不要代拟主题和内容，要让孩子想画什么就画什么，这样才能令孩子有广阔的想象空间。此外，父母可以画一幅未完成的画，让孩子想象并补画其余内容，构成一个完整的画面。

3. 多给孩子讲童话故事

童话故事适合孩子想象的特点，常常听童话故事的孩子的想象能力比不听、少听童话故事的孩子要丰富得多。最主要的是父母讲完后，让孩子马上复述。孩子可能在复述中有添枝加叶的地方，只要主题大意不变，父

母就应该鼓励。千万不要泼冷水,以免挫伤孩子想象的积极性。父母给孩子讲故事,有时可讲到一定的地方不往下讲,引导孩子自己对以后的故事情节进行想象。

4. 让孩子进行"情景描述"

父母可以常常和孩子做这样的游戏,比如,父母说:"这是一个下雪天,想想看是什么样子?"孩子根据他的想象进行描述。反过来,孩子也可以问父母:"这是一个下雨天,想想看是什么样子?"此时父母应尽量认真细致地描述一番,从中给孩子一些启发。诸如此类的问题有很多。在想象时,孩子的水平会有差别,父母要引导孩子讲述更加丰富的内容,让孩子尽情地说出他的想法。即使他的答案很滑稽,甚至不合逻辑,都不要批评,唯有父母的倾听、接纳才能引导出孩子更好的答案。

正如爱因斯坦所说,"想象力比知识更重要,因为知识是有限的,而想象力概括着世界的一切,推动着世界进步,并且是知识进化的源泉。"严格地说,想象力是科学研究的实在因素。

寓学于乐,让学习不再是难题

不愿意学习的孩子,通常会把学习当作一件苦差事,甚至当成一种惩罚,所以一涉及学习问题,他们就会拖拖拉拉,百般不愿。对于这样的孩子,最好的办法就是诱导出他们的学习兴趣。也就是说,父母要根据情

第8讲 陪孩子玩起来
——父母科学陪玩，孩子赢得一个好未来

况，顺着孩子的脾气慢慢疏导，让孩子把学习当成一件快乐的事情。事实证明，这是一种非常有效的方法。

8岁的聪聪正如他的名字一样，是个很聪明的孩子，可就是对学习毫无兴趣，一说教他学习，他就找借口拖延，说不听，骂不灵，父母、老师拿他毫无办法。有一天，聪聪独自一个人在院子里玩耍，他从杂物箱中翻出了两小块磁铁，他将其中一块放在地上，一块握在手里，地上的那块磁铁一会儿被手中的磁铁推着走，一会儿又紧紧吸在一起。这时爸爸走了过来说："聪聪，你知道磁铁的奇妙之处吗？""有什么不知道的，"聪聪撇了撇嘴，"我用正面对着那块，那块磁铁就会被推着走，我把手中的磁铁转过来，它们就又会吸在一起！"爸爸笑了："你呀，还没弄明白呢！磁铁分为正极和负极，而且'同极相斥，异极相吸'，利用这个道理还可以发电呢！""真的吗？"聪聪惊喜地问，"那我的这块是正极还是负极？为什么正极和负极就要吸在一起？"爸爸耐心地给聪聪讲了一下午，并陪他做了很多试验。当聪聪知道这都是物理学中的知识后，兴奋地告诉爸爸自己以后要做个物理学家。

在游戏中学习，在学习中游戏，这是一种很适合孩子的教育方法，对激发孩子的兴趣和求知欲大有好处。那么，怎样才能把学习游戏化呢？

1. 玩一些开发智力的猜谜游戏

父母可以试着把孩子要掌握的知识编排到游戏中去，比如游戏填空、成语接龙等。或者把知识编进谜语，让孩子猜，猜对了给予奖励，等等。在考试之前，父母还可以和孩子一起猜一猜"明天考试会出什么题"。孩子为了能够猜中，很可能就会扩大复习范围，提高复习的效率。从孩子的心理来讲，如果这次体会到乐趣，以后就会主动去猜题。孩子们渐渐地就会萌发好胜心，取得的效果也就更加明显。而且，讨论有没有猜中的过程，其实也起到了复习功课的作用。简单的猜谜游戏，却能够引导孩子走上爱学习的道路。

2. 老游戏新用

有很多人对于汉字和诗词的记忆都是得益于小时候玩的汉字卡片。甚至于成年之后，仍然能够听到上句，下句脱口而出。

如果只是背诵汉字、诗歌，当然不会留下如此深刻持久的印象。因为得益于游戏，才会很自然地刻在头脑中。

对于那些不喜欢背汉字的孩子，就可以把读音和笔画写下来，做成汉字卡片。另外，用扑克牌玩"24点"等计算游戏，也是在学习数学。

3. 在找错游戏中培养孩子学习的兴趣

在家长会上经常有父母提到自己家的孩子不读书、不看报，令人担忧。然而，这些不读书、不看报的孩子也对报纸上的找错游戏很感兴趣。这种找错游戏不仅登载在大人杂志上，在那些面向儿童的报纸、杂志上也经常登载着。这就证明，不仅大人们喜欢这种找错游戏，孩子们也很欢迎。而且，令人吃惊的是大人们需要一天才能解答的问题，孩子们时常当场就能找到答案。这大概是因为孩子们充满了好奇心，所以特别热衷于这种找错游戏。

父母不应错过这个利用孩子好奇心的好机会。比如，和孩子一起做习题集的时候，可以故意把答案说错几处。当发现这些错误的时候，孩子一定都很兴奋。如果孩子能够带着这种找错的热情把一本习题集从头到尾反复阅读，就会想做更多的习题集。

4. 拼图游戏寓教于乐

国外著名教育家把世界地图做成拼图游戏，把这种方法当作激发孩子学习兴趣的第一步。孩子天生对拼图游戏有一种好奇，即使那些从来不看地图的孩子，听说是拼图游戏，也都聚精会神地把打散的地图拼凑起来。那种情景无论是谁看到都会感到很惊讶。孩子们都喜欢游戏，特别是拼图游戏在世界范围内都大受欢迎，经久不衰。日本自古以来就有的"嵌绘"就属于这类拼图游戏。可见这种拼图游戏从古至今都是受欢迎的。

比如，让一个对地理毫无兴趣的孩子来做本国地图的拼图游戏。虽然他对本国地图本身是不感兴趣的，但是他却会被游戏吸引。而且，孩子们都是完美主义者，即使有一块拼图没有拼装上去也会不高兴。当他完成整个拼图的时候，本国地图的全貌一定已经深深地刻在他的脑海中了。

5. 让孩子跟自己玩个竞争游戏

孩子总是争强好胜的，在做题的时候，让孩子把自己当对手，父母为他记录一下半个小时做了多少道题，再让他不断挑战自己的纪录，如果挑战成功就给孩子一些奖励。这样一来，孩子的学习热情就会被调动起来，学习的效率也会大大提高。

在学习中添加游戏的因素，可以改变学习在孩子心中的印象，潜移默化中消除孩子拖延学习的毛病，并让学习变得生动有趣。需要注意的是，这是一个渐进式的过程，父母们一定要多点耐心才行，若催逼得太紧，孩子反而会更加排斥学习了。

※ 智杰点津：如何让孩子正确使用电脑

一位教育工作者经常告诫父母：他们在教育子女的问题上，不是金钱投入不足，而是时间投入不足！也可以换个说法，是关注投入不足。

虽然父母在孩子学习的物质条件上有求必应，书籍、电脑无不让孩子一应俱全，但就是不抽出时间过问孩子是怎样使用这些东西的。其结果是：为学习而准备的东西到头来成了高级玩具。例如，电脑在许多家庭里面就成了这种东西。

俗话说："玩物丧志"。"玩电脑"同样如此。

这是一个真实的故事：飞飞上初中后，为了让其好好学习，早日成才，父母专门为他买了台电脑。自从电脑进家，飞飞放学后再也不出去玩了，双休日更是钻进房里一天不出门，飞飞的父母看孩子这么用功，打心眼儿里高兴。天长日久，他们渐渐发现有点不对头，儿子越来越不爱和别人说话，人也变得越来越孤僻古怪。一天，飞飞的爸爸去学校开家长会，班主任谈到飞飞这学期的变化——不爱和同学们在一块儿，爱发脾气，动不动就动手动脚。老师问父母是不是有什么事影响了孩子。飞飞的爸爸摸着后脖勺，说家里没发生什么事呀，只是买了电脑后，这孩子放学回家就门都不出了。班主任点点头说，问题很可能就出在电脑上面。

班主任的话引起了飞飞父母的重视。一天，飞飞上学了，他俩便查看了孩子的房间，没发现什么可疑的地方。接着从电脑上看了儿子写的几篇作文，这一看不打紧，他俩的心跳到嗓子眼上了，那编造得离奇古怪、充满色情暴力、不堪入目的淫秽故事吓得他俩目瞪口呆，几乎瘫在地上……这难道是电脑之过吗？不是。

可见世上万事万物无不具有两重性，电脑也是这样。有人称电脑为"双刃剑"，也就是这个道理。电脑这一高科技时代的宠儿进入寻常百姓家，便备受"望子成龙"的父母们的青睐。但是人们始料不及的是，电脑在造福人类的同时，若使用不当也可能产生负面效应，飞飞的例子在当今社会家庭中并不罕见。

许多父母可能说这只是一个极端的例子，只要控制住孩子，不让其访

第8讲 陪孩子玩起来
——父母科学陪玩，孩子赢得一个好未来

问暴力、色情的内容就不会有副作用了。

然而事实并非如此。

本来，正确地使用电脑对孩子的成长是有好处的，但问题是，许多的家庭里面电脑成了一个玩具：孩子整天通过电脑玩电子游戏，甚至浏览色情网站。长此以往，不仅会严重影响孩子的心理健康，还会影响孩子的生理健康，甚至令其走上犯罪之路。

当然，家长也不应一味地反对孩子玩电子游戏，因为它对启发孩子的智力和想象力还是有益处的。只要不是过度沉迷于游戏，就应当允许孩子做一些他自己感兴趣的事情。只允许孩子看正书或做功课一方面难以做到，另一方面也容易使孩子僵化和呆板。所以应该通过看儿童书籍和电视以及玩电子游戏，使孩子多方面接触世界。

否则，家里的电视机关上了，孩子可以跑到邻居家里去看。家里不许玩电子游戏，他跑到外面去玩。孩子如对功课不感兴趣，认识不到读书的重要，即使人坐在书桌前，心思也留在他处。

科学研究发现，即使长期"正常地"使用电脑，也对青少年有负面影响。

芬兰心理学家研究指出：青春发育期前的孩子如果长时间地与电脑在一起，他们的思维方式和感情生活都将会受到不良的影响。心理学的常识告诉我们，一个人的心理状况是在环境与人的相互作用中逐渐形成的。孩子的脑细胞适应能力特别强，因此他们对自己所处的环境很快就会适应，很容易形成一定的心理状态。

心理学家根据这一原理，经过认真地观察研究发现，电脑对孩子的心理健康会产生以下几方面影响：

（1）人的思维需要语言、表象等作为工具，是一种内在的个人交谈，

一个人的经验词汇、语言等共同形成了人的逻辑思维方式。在青春发育期以前，孩子如果长时间与电脑打交道，他所形成的基本思维方式就会与电脑的符号式思维相同，也就是说，零碎的符号式机械思维方式有可能代替了人正常的逻辑思维能力。

（2）大量的事实证明，电脑正在逐渐成为人记忆的替代工具。如果孩子长时间地用电脑来替代人脑的记忆，那么复杂的人脑就可能降为智能机器。

（3）孩子如果过早长时间与电脑相处，常常会在情感上对电脑所提供的信息产生一种眷恋和过分的依赖。孩子们并不明白电脑是不能解决一切问题的。研究证明，过分地依赖电脑与过分依赖父母一样，都是不利于孩子独立生活能力的形成的。

（4）众所周知，一个人的道德观念和处世准则是通过人与人的相处和交流而形成的，但是电脑不可能告诉孩子什么样的行为是合乎道德规范的，什么样的行为是不合乎道德规范的，什么样的事情可以做，什么样的事情不能做。因此，不善于与人交流，而只会与电脑相处的孩子，不仅仅在人际关系上会产生缺陷，而且也不利于良好道德观念的形成。很多资料表明，互联网上很多有关色情的内容对孩子的毒害尤为严重，这更要引起父母的高度重视。

心理学专家还指出：电脑使孩子成为脱离现实世界的现代"隐者"，对他们的人生幸福有极大的危害。

这是为什么呢？

因为儿童被电脑吸引，沉湎于电脑的打斗画面中，认为这才够刺激、好玩、有意思，因而不愿和小伙伴们玩耍，不愿和父母在一起交谈，不愿与外界接触，讨厌上学。他们整天和电脑厮混在一块儿，迷恋屏幕画面，

第8讲 陪孩子玩起来
——父母科学陪玩，孩子赢得一个好未来

在网上想入非非，思绪像脱缰的野马，独来独往，百无禁忌，纵横驰骋，俨然是个不可一世的"英雄"。一旦离开电脑，回到现实生活中来，还要去上学，坐在课堂上听讲，做作业，参加集体活动……他们仿佛从天上掉到地下，一种"龙困浅滩，虎落平阳"的失落感顿时袭来。

这样的孩子在生活当中表现往往很怪异：

他们对老师和父母的教诲感到厌烦，和同学们谈不拢，说话没人听，于是无形中生出自卑感和怨恨感，内心产生焦虑、烦躁、压抑，从而对周围的人也生出不满，甚至敌对情绪，觉得没啥意思，还不如玩电脑开心有趣。于是，又回到电脑中去，上网漫游，做异想天开的"白日梦"。这样一来二去便形成了恶性循环，电脑把孩子"训练"成与世隔绝的孤独者，行为乖戾；遇事惊恐不安或退缩自卑，怕见生人，也不理解他人，缺乏自我表达能力；不愿与人相处，无法感受人类美好的情与爱。

这就严重影响了儿童的身心健康发育，长大后难以适应社会，成为脱离现实世界的"隐者"。

当然，父母千万莫误认为不能让孩子学电脑，阻止孩子上网。问题的关键是要给孩子正确的引导，首先要注意培养和塑造孩子的自我健康人格，让孩子认识到电脑再先进也是为人类服务的，人只能做电脑的主宰，而不能成为电脑的俘虏，被电脑所禁闭。和电脑再亲热，也不能代替人与人之间的亲密感情、人际交往和交流。

要将孩子用电脑与学习有机地结合起来，平时多让孩子和小朋友玩耍，接触生人，让他单独去购买东西，或去完成某一项任务，从接触社会中引导和帮助他们学会社交，从人际交往中学习各种技巧，培养和训练孩子与他人合作的亲社会心理。通过与自然和社会的接触，可使孩子去品味人生的酸甜苦辣，完善自我，养成敢于面对现实、承受挫折失败、谦虚谨

慎、勇于进取的性格。父母时常和孩子交流思想，互相学习鼓励，使孩子从学用电脑中获得有益的科学文化知识，避免成为孤独的"电脑人"。一旦发现孩子变为孤独的"电脑人"，应尽快去看心理医师，进行心理治疗。

　　正是由于以上这些原因，芬兰心理学家告诫父母们：不要错误地认为，孩子长时间独自在电脑世界遨游是有益无害的。父母应该和孩子一起使用电脑，给予孩子必要的指导并且经常与孩子进行各种各样的交流。

第9讲 送孩子一副好口才

——加入技巧地引导,让孩子既敢说又会说

※ 能说话是本能,会说话是潜能;
※ 未来之星,始于孩子的嘴巴;
※ 给孩子一副好口才,就等于送了他一个好未来。

好口才的前提，是彬彬有礼

礼仪是人与人之间沟通、交往的基础与前提。相对而言，懂礼貌的孩子更容易得到人们的喜爱，成为一个受欢迎的小家伙。所以，父母要从小培养孩子文明有礼的好形象，这会使孩子更易融入社会。

从交际的角度来看，礼仪可以说是人际交往中适用的一种艺术，一种交际方式或交际方法，是人际交往中约定俗成的示人以尊重、友好的习惯做法。

从传播的角度来看，礼仪可以说是在人际交往中进行相互沟通的技巧。

从个人的角度来看，礼仪有助于提高人们的自身修养；有助于美化自身、美化生活；有助于促进人们的社会交往，改善人们的人际关系；还有助于净化社会风气。

从团体的角度来看，礼仪是团队文化、团队精神的重要内容，是团队形象的主要附着点。但凡国际化的企业，对于礼仪都有高标准的要求，都把礼仪作为企业文化的重要内容，这同时也是获得国际认证的重要软件。

所以，学习礼仪，懂得礼仪，不仅是时代潮流，更是提升孩子竞争力的现实所需。

第9讲 送孩子一副好口才
—— 加入技巧地引导，让孩子既敢说又会说

北京八中的刘畅是一位品学兼优的学生，他的父母是这样教育他的：

在早期教育中，他们除了开发他的智力外，也同步进行着文明行为的训练，培养孩子彬彬有礼的习惯。例如，在宴席上，他们让孩子坐在椅子上，默不作声地吃大人夹给他的饭菜。咳嗽时，他们提醒孩子要对客人说"对不起"。饭桌上，孩子不小心把饭粒掉在地上，他们抓住他的小手，一边拍打其手心，一边提醒他不许再犯。饭后，孩子要保姆替他取水，他们提醒孩子，不该随意让别人帮自己做事，若是非麻烦别人不可，一定要说"请""对不起""麻烦您""谢谢"等礼貌用语。

凡是见过刘畅的人都说他气质好、彬彬有礼、落落大方。这也是从小到大逐步养成的。刘畅父母的目标不仅仅是要培养出一个聪明的孩子，也要培养出一个文明的孩子。从刘畅学会说话，能够听懂一些简单的提示和要求时起，他们就有意识地在各种场合下，告诉他应该怎样做。比如，早晨离开家时，要和家里人说"再见"，到了幼儿园要问"阿姨好""小朋友好"，等等。刘畅是坐医院通勤车长大的，在通勤车上，医护人员还教他学会分辈儿，当他准确地称呼"爷爷""奶奶""叔叔""阿姨"时，那稚声稚气的样子着实惹人喜爱。

其实，刘畅父母的这些教育，许多父母都做了。为什么有的效果差些呢？原因有两个：一是不能一以贯之地坚持下去；二是父母对孩子要求是一回事，自己却未能以身示教，使孩子感到迷茫，不知如何是好。因而，父母要利用一切机会培养孩子讲礼貌的习惯，持之以恒，反复训练。

培养孩子文明礼貌的习惯，要从一点一滴做起。父母可以从以下几个方面入手：

1. 为孩子树立榜样

古语说:"己正而后能正人。"父母若要孩子礼貌待人,首先自己要做表率,父母对孩子的影响最直接、最深刻。父母的身教是对孩子最生动、最实际的教育。父母应充分利用家里来客的有利时机提醒孩子,给孩子示范,使孩子在亲身体验和实践中理解文明、礼貌、热情的含义,并通过自己的行为潜移默化地影响孩子,使孩子在耳濡目染的环境中,逐步形成礼貌待人的品德。

2. 强化孩子的自尊意识

文明礼貌的习惯看起来是一种外在行为表现,实际上它与人的内心修养,特别是与人是否具有自尊与尊重他人的意识有着十分密切的关系。自尊就是自己尊重自己,不容受到侮辱和歧视,维护自己的人格和尊严,争取获得好的社会评价。正常人都有自尊心,欲自尊须先尊重他人,遵守社会秩序,注意文明礼貌。很难想象,一个丧失了自尊心的人会具有什么文明礼貌习惯。文明礼貌的习惯实际上是人满足自尊心的一种重要手段,所以要强化孩子的自尊意识。

3. 对孩子的表现做出评价

对孩子的行为做出评价通常是刺激孩子学习的最佳催化剂。客人在时,父母对于孩子良好的表现可以表扬、鼓励;客人走后,父母也可以对孩子的表现做出评价,肯定做得好的地方,指出不足以及今后要注意的地方。这里需要指出的是,孩子在接待客人中出现了失误,如打碎了茶杯、弄脏了饭桌,父母千万不要当面批评,要保护孩子的积极性,对待孩子的过失要重动机轻结果,要原谅孩子由于缺乏经验而出现的过失。孩子礼貌待人的行为规范不是一朝一夕形成的,要靠平时不断教育、训练和强化。

第9讲　送孩子一副好口才
——加入技巧地引导，让孩子既敢说又会说

年轻的父母要经常为孩子提供"教育情境"，让孩子不断练习，巩固孩子热情、礼貌待人的行为，这对孩子思想品德、学识能力、行为习惯的培养都有积极的推动作用。

一个人生活在社会上，要想让别人尊重自己，首先要学会尊重别人。从小就让孩子知书达理，能为孩子将来的社会交往铺垫好和谐融洽的气氛，能够使孩子轻松建立、保持、改善人际关系。

幼儿期语言训练请务必注意

语言是思维的工具，是思维的表现方式，人类的思维成果正是靠语言的帮助得以巩固、发展和传递的。幼儿期是学习语言最敏感、最关键的时期，也是储存词汇最迅速的时期。因此，幼儿期的语言训练家长一定要重视起来。

小枫是个特别听父母话的孩子，可是有一点，他就是不爱多说话。平时，做完作业，他就喜欢读书或者看电视，很少同父母一起交流、谈心。小枫的爸爸妈妈平时也是大忙人，不是很重视孩子这方面的表现。

一天，小枫和爸爸妈妈一起看电视。爸爸和妈妈在讨论哪一个人物形象更好一些，在一旁坐着的小枫却一言不发。

妈妈觉得每一个孩子看到动画人物可爱的样子，都会情不自禁地说上几句的，爸爸也意识到儿子实在是太沉默了，家里几乎听不到他的声音，于是问道："儿子，你喜欢哪一个呢？"

小枫见爸爸问自己，想也没想就回答说："都差不多。"

妈妈接着说："我喜欢小熊猫。你觉得怎么样呢？"

小枫说："嗯，可以。"

爸爸和妈妈相视了一下，妈妈又对他说："枫枫，你已经是大孩子了，对任何事物都该有一个自己的喜好评价呀，每个人都是有头脑和思想的。你有什么想法，以后要跟爸爸妈妈说出来才行。"

后来从小枫的老师、同学那里了解到，小枫碰到说话、发言的事情就往后躲，上课回答老师问题从不举手，偶尔被老师提问到，他会满脸通红，吭哧吭哧地说不出话来。

在现代社会，随着经济的迅猛发展，人与人之间的交往日益频繁，语言表达能力的重要性也日益增强，好口才越来越被认为是现代人所应具有的必备能力。生于当今这个时代的孩子，长大以后，不仅要有新的思想和见解，还要在别人面前很好地表达出来；不仅要用自己的行为对社会做贡献，还要用自己的语言去感染、说服别人。就职业而言，现代社会从事各行各业的人都需要口才：对政治家和外交家来说，口齿伶俐、能言善辩是基本的素质；商业工作者推销商品、招徕顾客，企业家经营管理企业，这都需要口才。在人们的日常交往中，具有口才天赋的人能把平淡的话题讲得非常吸引人，而像小枫一样不善表达的人，就算他讲的话题内容很好，人们听起来也是索然无味。有些建议，口才好的人一说就通过了，而小枫这样的人即使说很多次可能都无法获得通过。总之，好的语言能力是孩子提高素质、开发潜力的主要途径，是孩子将来驾驭

第9讲　送孩子一副好口才
——加入技巧地引导，让孩子既敢说又会说

人生、改造生活、追求事业成功的无价之宝，是孩子通往成功之路的必要途径。

婴幼儿期是语言能力发展的关键期，尽早使孩子学会语言、学好语言，是发展智力，发展口头、书面表达能力，理解知识的前提。语言能力的培养要从牙牙学语阶段开始，贯穿整个孩童期。父母的责任不可谓不大。

1. 父母要学会倾听，满足孩子说话的欲望

一般情况下，孩子回到家里见到父母通常会把发生在自己身边有趣、稀奇的事情说给他们听。这时父母应认真倾听孩子的讲述，并要用一些神态、身体语言让孩子感到他们正听得很投入。如果父母正忙着没时间听，要态度温和地跟孩子商量："你看，爸爸（妈妈）正忙着呢！等会儿我坐下来仔细听，好吗？"因为孩子在讲话时总是一腔热情，这样一说，孩子就不会感觉很失望。

2. 父母要学会引导，激发孩子说话的欲望

那些性格内向的孩子常常喜欢独自一人玩，默默地做事，父母对待这样的孩子要千方百计地引导他说话，把他说的欲望激发出来。问孩子一些问题，尽量避免问那些只需要孩子点头说"是"或摇头说"不是"，"有"或"没有"这一类问题。可以问他一些学校里的情况，比如"老师是怎样夸奖你的？""班里和你最要好的同学都有谁？"

3. 父母要学会指导，帮助孩子说正确的话

孩子说话时可能会出现用词不当，前言不搭后语等现象。父母在听的过程中，要随时帮助选用正确的词汇，要求孩子有准备地搭配语言，让孩子把话讲完整，教孩子把想讲的话联系起来思考后再讲出来。长期下来，

孩子语言的准确性就会不断提高。

4. 父母要注意提高孩子的思辨能力

由于孩子的知识面较浅，接触外界的机会相对要少，辨别能力比较低，所以，他们说的话常会与客观事实不符。父母在听的过程中，应注意把握孩子的说话内容，并做出肯定，给予正确的判断。在父母与孩子共同的评析过程中，孩子思想的准确性、深刻性会变得更好。

思辨能力的培养，需要一个积累的过程，让孩子多看一些科普书，看电视新闻，了解世界，了解社会，平时多跟孩子交流，讨论一下人和事，让孩子多参加社会活动。总之，父母要多给孩子提供训练说话和锻炼口才的机会与环境。

能够在别人面前把想法表达清楚，是一种十分重要的能力。流畅的语言表达能力可以准确地把自己的想法或情感传递给别人，让别人了解、理解你。良好的口才对于孩子将来的发展非常重要，所以，早一点着手培养孩子的语言表达能力，绝不是可有可无的事情。

引导害羞的孩子，大方与人招呼

打招呼是我们日常生活中常见的行为，是人们见面时互相致意的基本礼节。不过，让家长们头痛不已的是，很多孩子见人不喜欢打招呼，经常

第9讲 送孩子一副好口才
——加入技巧地引导,让孩子既敢说又会说

弄得家长与他人都尴尬地下不了台。

媛媛是个害羞的女孩子,从小就比较怕生,见了亲戚长辈,也不知道主动打招呼,每次都是妈妈提醒了,她才会怯生生地叫人。

周末,媛媛和妈妈一起去姥姥家,一路上妈妈不停地嘱咐:"到了姥姥家,一定要主动叫人呀!"媛媛听话地点点头。

到了姥姥家,媛媛怯生生地主动向姥姥问了好。可那天正好有个隔壁邻居的老大妈来姥姥家串门,小姑娘看到一个陌生的老太太也不知道应该称呼什么好,所以,就望着老大妈不说话。妈妈见媛媛呆呆的样子,自然觉得面子上过不去,就连忙催促孩子说:"快,快叫奶奶!你这孩子一点礼貌都不懂!"

媛媛听到妈妈这样说话,霎时眼圈就红了,心里想着,我不认识这个老奶奶,不知道应该怎么称呼,怎么说我没有礼貌呢?

很多父母在自己做了要求而孩子没有按照要求与人打招呼时,自觉脸上挂不住,于是当着外人的面责骂孩子,什么"你可真不懂礼貌,白喂你那么多米饭了!""真是不中用,连说个话都不敢,长大能有什么出息!"一类的话,像连珠炮一般脱口而出。

"每一回听见大人这样说孩子,我总觉得好不忍心。曾经是小孩,现在又和幼儿打交道,深深了解被大人说'没礼貌'的感觉,是一种羞愧,也是一种挫败。羞愧的是自己不好,嘴巴不甜;挫败的是自己做不好,让成人失望。而这种种的感觉,都得同时在大庭广众、众目睽睽之下,被揪出来。"一位教育博士如是说。

孩子不打招呼,就骂孩子,这绝不是合格的家长应该做的事。或许这其中的关键就是,我们不觉得小孩子有自尊心。我们觉得他们那小小的身躯里，没有太多感觉，没有太多自尊。此外，我们觉得自己的话就是一种教导，孩子就是要听！更或许，在儿时，我们的自尊心也被缺乏教育理念的父母漠视了，所以现在我们长大了，也有权利忽略孩子的自尊心？我们看不见幼小的孩子处于巨人丛中时对陌生人的畏怯，也看不见他们受到责骂时所产生的罪恶感——连他们心爱的亲人也觉得他不够好，在别的大人面前数落他，他会觉得自己真的不够好。

是的，在众目睽睽之下数落孩子，教孩子该怎么做，责任是尽到了，别人也会说这个家长不姑息孩子。在众目睽睽之下给孩子直贴标签（没礼貌、不听话……），震慑孩子的目的达成了，好像离把孩子教育成好孩子的目标也愈来愈近。但是，以羞辱为手段教养孩子，这真的没有问题吗？

事实上，让孩子学会与人打招呼，最重要、最关键的是尊重，最有效的办法是示范和引导。

对于孩子不爱与人打招呼这件事，父母针应对具体原因，对症下药，帮助孩子提高人际交往能力。

（1）爸爸妈妈首先要意识到，我们要做的不是在他没打招呼时定义他，更多的应该是示范，爸爸妈妈要切记一点，言教不抵身教，可以示范给孩子看自己对待朋友的方式，直观的学习和模仿对于习惯的养成很重要。另外，还可以告诉孩子打招呼的方式可以有多种，并不一定要叫人，可以点头、招手、微笑等。当孩子有进步的时候，及时地给予肯定。家长要做到关注但不勉强，指导但不干涉，更不要给孩子贴上"不懂礼貌"的标签。

（2）爸爸妈妈应该有意识地为孩子提供与生人接触的机会，例如，

第9讲 送孩子一副好口才
——加入技巧地引导，让孩子既敢说又会说

当有客人来时，父母应让孩子与客人接触，使孩子对客人产生亲切感，一段时间下来，孩子就会主动与客人交流了。又比如，多带胆小怕生的孩子参加社交活动，培养他们的胆识和勇敢精神，使之逐渐适应社交场合。对见到陌生人不知如何叫人的孩子，父母应该适时提醒孩子，并且教给孩子几个"万无一失"的称呼，以便孩子见到不知如何称呼的人时使用。

(3) 多尊重引导孩子。当孩子不愿招呼人时，不要说"这孩子不懂礼貌"，这样会伤害孩子的自尊心，激起孩子的逆反心理，造成尴尬的局面，而应该慢慢引导，因为孩子需要较多的尝试和时间来适应新的事物，新的环境。

总之，对于"不爱打招呼"这个问题，爸爸妈妈不能把所有责任推卸给孩子。孩子出现这个问题与家长的教育有密切的关系。因此，家长所要做的就是用自己的行动来影响孩子，用正确的方法引导教育孩子，让孩子从小在父母的正确教育下健康快乐地成长。

感激之心不可缺，教会孩子说"谢谢"

感激之心不是先天的，亦不是凭空而来的，它是在道德教育、环境熏陶和社会实践中逐渐形成的。孩子如果在待人接物时不能怀有感激之心，那么就无法建立和谐、融洽、温馨的人际关系。

一个周六的傍晚,华华的妈妈和往常一样在厨房里忙碌,而华华正在电脑桌前敲打着键盘,玩着游戏。

忽然,电话铃响了。妈妈因忙着照看煤气灶上烧的菜,便叫儿子接听电话。儿子在电话机前站了大约5分钟后把电话挂了。挂完电话,他显出很不高兴的样子,嘴里嘀咕着:"以后我不接电话了。这么费劲……"妈妈立刻猜到:准是华华奶奶的来电。

华华的爷爷奶奶长期在外省生活。因此,电话就成了他们和家人沟通联络的纽带。奶奶是一个心思细腻、对小辈呵护备至的人。每个周末,她都要和家里通一次电话。而电话多半是她先打过来——她似乎总等不及孩子们的电话。一周的时间,对于她来说,太长了。每每来电,奶奶都要嘘寒问暖,吃喝拉撒她样样过问,事事关心。

刚才,一定是华华嫌奶奶太唠叨了。

此刻华华噘着嘴巴向书房走去。妈妈走过去拉住了他。

"刚才是谁的电话?"妈妈压住性子明知故问。

华华显出不耐烦的样子:"还会有谁?总归是奶奶的了!啰里啰唆,又没有什么事情!"

"奶奶在电话里和你讲什么?"妈妈再一次明知故问。

"还不是每次都一样?什么'早饭一定要吃好!''晚上要早点睡觉!',什么'在学校上课累不累?''放学后打球吗?''长胖点了吗?'……哎呀,真是烦死了,不说了!"华华越说越不耐烦,挣脱妈妈的手朝书房走去。

妈妈看到孩子这样,觉得一定要好好教育孩子。

第9讲 送孩子一副好口才
——加入技巧地引导，让孩子既敢说又会说

如华华这样的例子在青少年中不在少数。现在的孩子很难体会到长辈的爱心，很多父母甚至叹息道："现在的孩子太少感激之情，连一句谢谢都不会说。"

那么，孩子为何吝啬说"谢谢"？

孩子不懂礼貌并不是天生的，而是后天养成的。家长有礼貌，家人相互之间讲礼貌，他们再要求孩子讲礼貌，孩子一般都不会很难开口说"谢谢"；如果家长自己平常都不说一些类似"谢谢"的礼貌用语，反而告诉孩子要说"谢谢"，这确实有点强人所难。

还有些家长对孩子不向别人道谢的行为睁一只眼、闭一只眼，认为都是些小事儿、无须锱铢必较，更甚者反而以微笑的眼光看着孩子，孩子会误认为自己的行为是正确的，往后的行为可能会变得更加出格。

作为父母，应该教会孩子真诚地对他人说"谢谢"，让孩子学会感激他人，让孩子在谦虚和真诚中得到朋友的帮助，从而一步步走向成功。

那么，我们如何教会孩子真诚地说"谢谢"？

(1) 引导孩子热爱自己的爸爸、妈妈等长辈，喜欢老师和班中的同学；感激爸爸妈妈和老师们对自己的爱，对自己的教育和帮助。并采取一些方法来表达自己的感激之情，比如，教师节给老师送张贺卡，帮助爸爸妈妈干家务等。

(2) 引导孩子尊重周围的劳动者，感谢他们为社会做出的贡献，使我们有一个良好的学习和生活环境。

(3) 让孩子多参加集体活动。现在的绝大多数孩子都是独生子女，从小就是衣来伸手、饭来张口，他们已经习惯了爸爸妈妈的照顾，并且觉得这是应该的，凡事以自我为中心，不懂得感激他人。这样的孩子开始在集体活动中很难和同龄伙伴和睦相处,也不懂得感谢别人为自己做的事。只有在集体活动、集体交往中碰了几次钉子之后,才会意识到要想到他人,要感谢他人,在活动中获得与他人相处的经验。

总而言之,爸爸妈妈有义务也有责任,从小在孩子内心播下说"谢谢"的种子,这样才能让孩子说敬语的习惯像植物一样自然生长。因为一个人小时候养成的习惯是非常稳固的,终身都会起作用。"谢谢"看似只是个简单的敬语,但其实背后蕴含着最起码的感恩、最基本的是非观念,以及最直白的责任教育。

当孩子学会赞美,他就会人见人爱

爱听表扬的话是人类的天性,人人都喜欢正向刺激,而不喜欢负向刺激。如果孩子乐于赞赏他人,善于夸奖他人的长处,那么,人际交往的愉快度将会大大增加。

学会赞美和欣赏别人对于提高孩子的情商水平有很重要的作用。赞美和欣赏都是一种积极的情绪。学会赞美和欣赏别人就是学会找出别人的优点,无形中看出自己的差距,这是一种潜在的激励自己的动力,有助于自己的进步。同时,由于你的赞美和欣赏,别人获得了鼓励,引起别人对你的好感,更愿意和你在一起,形成一种无声的黏合力。

第9讲 送孩子一副好口才
——加入技巧地引导，让孩子既敢说又会说

曾经有人做过调查：经常赏识他人，夸奖、赞美他人的人往往处世积极乐观，受人欢迎，受人尊敬，身体比较健康，不常生病；而常指责、抱怨别人的人却缺少朋友，孤单落寞，身体和心理比较脆弱。

要孩子养成赞美别人的美德，就需要从小进行培养。孩子在3岁以前主要是在家庭中生活，因此家长就要注重孩子这方面的教育。

（1）爸爸妈妈首先要通过孩子的视觉、听觉，让孩子感受世间一切美好的事物，如颜色绚丽的图片，模样可爱、会发出各种声音的玩具，能给孩子的视觉产生美好的刺激的家中的一切陈设等。父母应不时地用语言向孩子讲述这些"美"的东西，如"看这个图片中的小姐姐多漂亮呀！""老奶奶多慈祥呀！"虽然孩子不能理解你说的语言，但是孩子通过眼睛看到的、耳朵听到的，以及爸爸妈妈愉快的表情，一种"美"的感受在孩子的大脑中保存下来。

（2）随着孩子的年龄成长，社会交往面不断地扩大，生活经验不断积累，这个时候，爸爸妈妈应该开始让他对家人和接触到的外人的优点进行赞扬，例如，让孩子对妈妈说，"妈妈做饭真累呀，我亲亲妈妈！""妈妈做的饭真香呀，谢谢妈妈！"对亲戚家的姐姐说，"姐姐的衣服真漂亮！""姐姐真干净！"虽然幼儿主要是模式化学习，对事物的看法只停留上表面性和情绪性上，不可能看透本质，但从这方面着手，让孩子先学会如何找出别人的优点，久而久之，这种良好的行为就会成为一种习惯固定下来，成为孩子个性中的一部分。随着孩子思维水平的发展，他就会逐渐从外表赞美进而发展到能够发现别人的内在美，随着孩子道德观和价值观的产生和发展，这种赞美和欣赏别人就具有了特殊意义。

(3)爸爸妈妈也要跟孩子讲一讲关于给予负面评价的问题。如果孩子想不出任何正面的赞美的话，一句中性的评价也能表达有意交流的愿望。如果你的孩子不能真诚地说"你的头发理得不错"，就说"我注意到你理发了"，但是说"你的新发式显得你耳朵向外翘"就不合适，即便那是真实的。

随时发现别人的进步，随时为别人的成绩而喝彩，随时为每一位上台唱歌的人而鼓掌，是一种智慧，是一种健康的心态。爸爸妈妈应该教会孩子赏识别人，赞美别人，努力去挖掘别人身上的闪光点。父母如果想让孩子长大后能很好与人沟通，会得体地表达自己的心声，就从小培养孩子赞美的能力吧！语言是一种艺术，语言运用得体的人，会有一种特殊的魅力。

提醒孩子注意，别总用命令式语气

请想象一下这个情景：你正在图书馆的书架上找书。一个离你不远的人突然跟你说："把架子上的那本书给我拿下来！"你肯定会一下子就火冒三丈吧。

那么如果按照下面这么说会怎么样呢？"对不起。我不太够得着，能帮我拿一下那个架子上的那本书吗？"

第9讲　送孩子一副好口才
——加入技巧地引导，让孩子既敢说又会说

这次你肯定会马上把东西递给对方的。不是因为对方的说法多么客气，而是因为这反映出了不同表达方式深处隐现的对方"意识"的不同。当你感到抗拒时，那是对方把你当成了为实现目的而利用的"工具"；当你想帮忙时，那是对方希望你成为他的"协助者"而求助于你。

事实上，没有人喜欢被命令，习惯用命令口气说话的人，往往都不会有什么好人缘。

有些孩子也有这样的习惯，经常用命令的口气同别人说话。比如，命令父母说："把鞋给我拿来。"命令别的小朋友："过来帮我！"有时甚至命令客人："给我倒杯水！"

孩子怎么会产生这种不良行为呢？

孩子可能受父母的影响，从父母那里学到了命令别人的"本领"。有些父母认为，在家里面不用客气，因此在家庭成员之间常常用命令的口气讲话，有的父母常在孩子面前命令保姆等。

这些都给孩子造成不良影响，教孩子学会了命令人。在这些孩子的心目中，自己就是中心，因此从来不会站在别人的角度想问题。

如果孩子在情绪不好的时候命令别人，父母可以告诉孩子："心里有什么不高兴的事情可以慢慢说出来，用命令的口气说话是解决不了问题的，常常还会把不好的情绪带给别人，把本来可以办好的事情办坏。"

一句话，要改变孩子的这种不良习惯，父母是要花很大力气的。以下几点值得注意：

（1）要改正孩子命令别人的不良习惯，父母首先要树立榜样，从自己做起，在家里创造出一种民主、礼貌、和谐的气氛。

（2）当孩子命令别人的时候，父母可以这样告诉孩子："人和人都是

平等的，请别人帮忙应该有礼貌，别人才愿意帮助你。说话像下命令，别人就会讨厌你，不愿意帮助你。"

(3) 在日常生活中，父母应对此比较敏感，经常注意纠正孩子命令式的讲话语气。如果孩子用命令的口气说话，父母就要求孩子说话不能使用这种口气，直到孩子改变语气为止。

讲个故事，教会孩子选择性说话

其实，孩子在很多时候是不知道哪些话不该说，而哪些话是应该说的。这就需要父母让孩子从小注意自己的言语，这也是交际能力的体现。要培养孩子的交际能力，就要让孩子知道自己所想的是什么，自己所说的是什么，在孩子小的时候就应该有意识地去培养，不要让孩子认为自己什么话都可以说。而要培养孩子这种说话的能力，爸爸妈妈不妨通过讲故事的方式来告诉孩子说话是有技巧的。

这段时间陈海飞感觉真的有点烦恼，因为自己的儿子宽宽说话不知道轻重，而且越说越狠。尤其是对着不喜欢的东西，或者是暂时不想要的东西，他会丢掉，并且在发脾气的时候，还会说脏字，甚至是将刚刚给他买的玩具丢掉，这让陈海飞很是烦恼。

一次，陈海飞带着自己的儿子去逛街，中途遇到了一个同事。同事也

第9讲　送孩子一副好口才
——加入技巧地引导，让孩子既敢说又会说

是带着自己儿子出来的。陈海飞就停下了脚步，然后跟同事聊起了天，而两个小孩也在旁边玩了起来。开始的时候，两个小孩玩得还很好，但是突然听到同事的儿子大哭了起来。陈海飞知道肯定是自己的儿子闯祸了。同事急忙走过去，看了看自己的儿子没有任何受伤的地方，连说没事的，可能是自己的儿子想要回家了吧，说完之后，便哄着儿子走了。

陈海飞和儿子也回到了家，陈海飞看儿子今天玩得很高兴，便问儿子今天那个小朋友为什么会哭。此时儿子说道："开始的时候，他想玩我手里的玩具，我就给他了，我们交换了玩具玩，但是他的玩具一点都不好玩，我想要换回我的小火车，但是他就是不给我。"儿子停了停，接着说道："我看他不给我，我就说我的火车会变魔术，能够像金箍棒一样立刻变大变长，到时候就会把他压死。我说完这些之后，他就哭了，真是一个胆小鬼。"陈海飞听后，心中有些害怕。

陈海飞想要让孩子明白很多话是不可以乱说的，便对孩子讲了一个故事，说道："儿子，妈妈给你讲个故事吧，你不是最喜欢听故事吗？"儿子听了这话，自然连声叫好。陈海飞讲道："从前，有一只小公鸡和一只小鸭子，小公鸡总是欺负小鸭子。有一次，小公鸡对鸭子说：'你赶快把主人给你的食物给我拿出来，不然我就天天打鸣，不让你睡觉。'鸭子每天都受到小公鸡的威胁，只好把吃的给了小公鸡，自己去河里捉鱼吃去了。但是没想到小公鸡还是不罢休，追着小鸭子，看到小鸭子逮到了小鱼，便对小鸭子说：'我也要吃鱼，把鱼给我，不然我就会打鸣，吵醒你睡觉。'这个时候小鸭子很生气，说：'你为什么要抢我的食物，你明明知道自己吃不了鱼。'公鸡说：'谁让主人那么偏心，明明你有鱼吃，还要给你那么多的食物，而我每次只有你一半的食物吃。我不喜欢主人，也不喜欢你。'

第二天小鸭子就将这些话告诉了主人，主人很生气，便直接将小公鸡送人了。"

儿子听完陈海飞的故事说道："那只小公鸡真讨厌，老欺负小鸭子，把它送人也是应该的。"此时陈海飞说道："小公鸡之所以被送人，关键不是因为它欺负小鸭子，而是因为它说了不该说的话，你说对不对？"儿子连忙点头，陈海飞接着说道："所以说啊，儿子，以后你要是不注意你说话，那么很可能会得罪别人，最终得不到别人的喜欢。跟别人在一起的时候不能乱说话，有的话是不能瞎说的，你明白吗？"儿子似乎明白了妈妈的意思，他点了点头，从那之后，他说话总是很注意。

孩子需要去理解什么话是该说的，什么话是不该说的。只有当他明白了这一点的时候，他才会去注意。就如同陈海飞的儿子，如果他明白自己当时说的话可能会吓到对方，那么他可能不会说那样的话。所以说，作为家长，我们有义务让孩子明白什么话是可以说的、什么话是不应该说的，这样有助于从小培养孩子的交际能力，让孩子明白话语的重要性。

生活中，父母在通过讲故事的途径告诉孩子什么话是不该说的过程中，要注意哪些问题呢？

（1）所讲故事一定要简单易懂。孩子的思维还没有那么成熟，所以爸爸妈妈在选择故事的时候一定要选择那些比较简单的，这样孩子听起来才会更加容易听懂。如果那些故事过于复杂，孩子很可能会不知道你在讲什么。这就是对家长选择故事的要求，尽量让孩子能够自己感知到故事中的含义。

（2）在孩子不明白故事的时候，一定要进行讲解。当家长所讲的故事

第9讲 送孩子一副好口才
——加入技巧地引导，让孩子既敢说又会说

的含义不是那么明确的时候，一定要慢慢地给孩子进行讲解，不要让孩子为了听故事而听故事，让孩子明白其中的道理才是最重要的。当然，在讲解的过程中，一定要考虑到孩子的思想和感受。

（3）亲身示范告诉孩子说话要看场合。家长平时说话也应该符合场合，要想教导孩子讲应该讲的话，就要亲身示范，让孩子从家长身上看到哪些话是不该说的，哪些话是可以说的，这是很好的教授方法。当父母和朋友交往的时候，可以带上孩子，让孩子多经历一下不同的场合。孩子具有很强的模仿能力，有很多东西大人不说，孩子也会主动去模仿和学习，自然而然，就能够帮助孩子成为一个善于交际的人。

（4）慢慢来，这不是两三天的事情。说话本身就是一门很深奥的学问，别说是孩子，很多大人还无法很好地掌握说话的技巧，所以说对于孩子这方面的教育，家长们一定不要操之过急，要学会牵着"小蜗牛"，慢慢地向前走，不要期望一两天之内就能够让孩子知道什么话该说、什么话不该说，时间才是帮助孩子成长的最佳良药。

最后要嘱咐各位家长一句，当孩子做得很好的时候，一定要夸奖孩子，让孩子明白自己这样做是对的，自己说的话是应该说的，这是帮助孩子学会"选择性"讲话的好办法。

※ 智杰点津：对症下药，消灭孩子的脏话

在生活中，我们会发现有的孩子到了一定的年龄，会突然变得爱说脏话，有的父母要么是狠狠地教训一顿，要么是拉过来揍几下，当时孩子可能不敢再说了，但时间一久依然如故。当父母面对说着粗言秽语的孩子时，指责往往不会产生积极的效果。

那么，家长怎么样才能把这些不雅的词汇从孩子的脑袋里清除出去呢？在此建议家长，千万不要过激，引导才是关键。其实，要解决孩子说脏话的问题，前提条件是查明孩子说脏话的原因，然后再有针对性地给予指导。

按照幼儿的心理发展水平，孩子说脏话其原因可分为3种：

1. 模仿性脏话

孩子说脏话往往是从模仿开始的，年幼的孩子往往没有是非观念，别人说一句骂人的话，他觉得很好玩，也跟着骂人，这是孩子说脏话的一种普通心理。这一时期，如果父母、同伴或是影视节目里有不好的语言，都会成为孩子模仿的对象。

2. 习惯性脏话

如果孩子的模仿性脏话得到成人的默许或者赞赏，那么，孩子说脏话就会成为一种习惯。比如，当咿呀学语的孩子突然冒出一句脏话，有些大人非但不制止，还哈哈大笑，这种行为无形中让没有是非观念的孩子认为

第9讲 送孩子一副好口才
——加入技巧地引导，让孩子既敢说又会说

自己说的是"好话"，为了博得大人的好感，他们就会将说"好话"继续下去。

3.有意识的脏话

3岁以上的孩子说脏话时，除了出于好玩，互相模仿外，还具有一定的选择性，他们能够初步理解脏话的含义，并对特定的对象说脏话，这就是一种有意识的行为。当然，也有些孩子是在与小伙伴发生矛盾或者受了欺负时被迫说脏话，以说脏话来发泄自己的不满。

那么，如何纠正孩子说脏话的毛病呢？

（1）父母做好表率。孩子好模仿，且缺乏是非观，他们往往从电视、电影中，从父母、同伴那儿学来许多脏话和一些不健康的儿歌、顺口溜。为此，父母应该做好表率，带头说文明语言，并且要慎重选择影视节目，引导孩子玩文明、健康的游戏，如发现孩子和伙伴说脏话，应及时指出并给予纠正。

（2）对偶尔说脏话的孩子，父母应以文明的语言把孩子所要表达的思想、感情重复说一遍，形成正确示范。如孩子经常津津乐道重复一些脏话，父母应严肃地告诉孩子这句话不文明。爸爸、妈妈和所有的人都不喜欢听，并和孩子一起分析孩子喜欢的、尊敬的成人是怎样说话的。利用榜样的力量，可使孩子认识到说脏话不好。

（3）教给孩子正确表达气愤、激动情绪和处理矛盾的有效方法。告诉孩子和他人发生争执时可以说："你住口！""请你走开！""你不讲道理，我很不高兴。"或自己先走开，等等，避免自己或对方说出脏话。

（4）对明知故犯的行为要及时惩戒。当孩子总是故意说一些粗话脏话，并且在家长多次解释和劝告都无济于事的情况下，父母应该立即采用一些措施来制止孩子的这种行为，使孩子深刻地认识到说脏话会给自己带来的不良后果，从而达到改正的目的。

总而言之，父母要明确地让孩子知道，一个人说话要文明，说脏话的孩子不是个好孩子，要通过正面教育改变孩子的这种行为，引导孩子用文明语言表达内心感受。

第10讲 **带着孩子交朋友**
——帮孩子解决社交难题，从小培养
　　孩子社交力

※ 孩子现在没朋友，心里一定很难受；

※ 孩子将来没朋友，一生的路都难走；

※ 把孩子的情商养起来，别让孩子社交有障碍。

接待之道从小就要教

如何待客是反映孩子内心世界的一面镜子,父母应该给予重视,切莫以为这只是大人的事情。"教孩子学会待客",这不是什么教育的大课题,但它却折射出家庭教育的一个重要方面。

家里来了客人,孩子会做出各种表现:

有的孩子见了陌生的客人,站在角落里,不声不响,默默地注视着客人的举动,即使客人跟他讲话,他也是笑而不答,或表现得相当紧张。有的甚至躲进厨房,不肯出来见客人,显得胆小、拘谨,对客人的态度冷漠。

有的孩子,家里来了客人,尤其是自己亲近熟悉的客人,便会很兴奋,会抓住一切机会为自己刷存在感,甚至做出很多失礼的行为。

还有的孩子,在家里来客人时,能主动招呼客人,拿出糖果招待客人,表现得热情有礼,落落大方。

孩子在家中来客时的种种表现虽然和他们的个性心理有关,但更多的是和父母平时对孩子的教育有关。来客时表现不佳的孩子,父母往往缺乏对他们在这方面的培养和训练,在接待客人时,忽视了孩子在家中的地位。那些在家中来客时表现较好的孩子,父母往往比较重视在这方面的培养,让孩子和成人一起接待客人,孩子逐渐地消除了对陌生人的紧张心理,学会了一些待人接物的方法,表现得落落大方。

第10讲 带着孩子交朋友
——帮孩子解决社交难题，从小培养孩子社交力

待客，是家庭生活中的常事，也是教育和培养孩子的良好契机。那么，父母应如何使孩子在待客的过程中，受到教育呢？父母又该注意些什么问题？

1. 明确意义

父母不能因为害怕孩子在客人面前失礼，丢自己的脸，而把孩子关在卧室或是放到外面去玩，父母应该认识到，让孩子共同参加接待客人的活动，对孩子而言，起码有以下几个好处：

(1) 有利于培养孩子的主人翁感。

孩子在参与接待客人的过程中，体会到自己和客人的地位不同，自然会产生一种自豪感和责任感，他会比平时小心十分，殷勤百倍。

(2) 有利于培养孩子礼貌待人的好习惯。

要接待好客人，让客人满意，孩子就必须在语言行为上都讲究礼貌，接待客人实质上是给孩子提供了礼貌待人的练习机会。

(3) 能使孩子学到一些待人接物的方法。

2. 培养能力

当然，孩子是不可能天生就会接待客人的，这就需要父母的帮助和引导。

(1) 让孩子做好心理准备。

在客人尚未到来之前，父母应告诉孩子，什么时间，谁要来。假如客人是第一次上门，还要告诉孩子，客人与父母、与孩子的关系，该如何称呼，使孩子在心理上做好接待客人的准备。

(2) 与孩子一起做准备。

父母可以和孩子一起做接待客人的准备工作，如打扫房间、采购糖果，和孩子共同创造一个欢迎客人的气氛。

（3）指点孩子接待客人。

父母除了自己热情招待客人以外，还要指点孩子接待客人，让孩子感到自己是家中的小主人。例如，客人来了，父母要指点孩子招呼每一个人，请客人坐，请客人吃糖果。还可以让孩子把自己的玩具拿出来给小客人玩，把自己的相册拿给大家看。

（4）让孩子学着与客人交谈。

父母应鼓励孩子大方地回答客人的问话，提醒孩子在别人讲话时不随便插嘴。如果孩子在某一方面有特长，可以提议让孩子为客人表演，以制造一种轻松、愉快、热烈的气氛。但不能每次来客人都让孩子表演，表演多了会使孩子形成好表现自己的坏习惯。

（5）根据孩子的特点提要求。

在让孩子学习接待客人时，要注意根据孩子的特点对孩子提出要求，不要强求孩子做不愿意干的事。例如，对待胆小怕事的孩子，要求简单些，可以让孩子与客人见见面就行，以后再逐步引导，提高要求。对于"人来疯"的孩子，父母应先让他离开大家一会儿，将其冷静下来后，再让他和大家在一起。切忌在客人面前大声训斥和指责孩子，以免伤害孩子的自尊心。

（6）评价孩子在客人面前的表现。

客人走后，要及时评价孩子的表现，肯定好的地方，指出不足的地方，并要求孩子今后改正，使孩子接待客人的能力逐步提高。例如，以前孩子会表现出"人来疯"，可是今天很懂事，老毛病没有犯，父母就应及时表扬他的进步，并要求他以后客人来时要和今天一样。

3. 教会接待礼仪

中国的待客礼仪复杂深奥，孩子受限于年龄及心理成熟度，不可能面

第10讲 带着孩子交朋友
——帮孩子解决社交难题，从小培养孩子社交力

面俱到，但父母起码要将以下这些理念灌输给孩子：

（1）家里有客人来，应该和父母一起把屋子收拾整洁，还要注意个人的仪容与仪表。

（2）听到客人敲门或按门铃，要尽快应答、开门。客人进门之后要亲切微笑，如果提着东西或者雨伞，要主动帮助提接。

（3）客人进门后，要及时递上拖鞋或鞋套；给客人敬茶时不能倒满，只倒半杯茶，因为茶凉了可续茶。

（4）自己的同学、朋友来访，应热情迎接。初次来访，应给父母逐个介绍，然后把最佳座位让给客人，可用茶水、糖果、玩具、图书等招待。

（5）接待老师应像接待长辈一样热情庄重。

（6）父母的朋友带小孩子来访，应同小孩一同玩，或给他讲故事，和他们一起听音乐、看电视。不要和对方抢东西，打架。

（7）吃饭时，同学、朋友来访，应主动邀其一起用餐，如果客人申明吃过，先安排朋友就座，找些书报或杂志给他看后再接着吃饭。

（8）吃饭时，好吃的东西，爱吃的东西，首先让长辈、客人吃，不能自己一个人全吃、抢吃；取菜时，尽量取自己面前的，看准哪个就夹它，别翻来覆去地挑；吃完饭后放下碗，要有礼貌地对还没吃完的人说："请大家慢用。"

（9）不能随便接受别人赠予的礼物，但是对别人要大方。逢年过节，客人给红包，在父母示意可以收下的时候，双手接红包，一定要说"谢谢"。拿了红包，不要当着客人的面拆红包，那是非常没礼貌的表现。

（10）客人起身告辞时，要站立起来，随同家长一起送客，客人离开之后再关门。

把拜访礼仪传授给孩子

父母带着孩子走亲访友是常事,如果孩子外出做客没规矩,不仅会破坏当时的快乐气氛,还会让人质疑孩子的教养和父母的品格。所以,出门前父母一定要给孩子打好"预防针",还可以利用路上的时间,适当强调一下"规矩",让孩子学会自控,做个有礼貌的小客人。

(1)带孩子做客前,要让孩子穿戴整洁,着装要朴素、大方,以表示对主人的尊重。如果即将拜访的是孩子熟悉的亲朋好友,不妨让孩子自己打电话预约。另外,如果拜访的对象是孩子的朋友,那么拜访前一定提醒孩子给对方准备小礼物。

(2)告诉孩子,到别人家做客,进门以后,见到主人的第一件事就是打招呼、问好,并且教会孩子正确使用称呼,如叔叔、阿姨、爷爷、奶奶、哥哥、姐姐等。如果要拜访的是孩子不熟悉的客人,应提前教孩子如何称呼将要见面的客人。对于孩子平常少用的一些称呼,叫的时候难免会有些口生,为了避免这种情况的出现,父母应在见面前多陪孩子练习。

(3)主人请吃东西时,要说谢谢,但不要吃得太多,不要狼吞虎咽。如果主人没有邀请,一定不要随便吃主人家的食品。

(4)不要在主人的家里调皮捣蛋、乱翻东西,未经主人允许,不要到其他房间走动,更不能只顾自己开心,在沙发上、床上一通折腾。

第10讲　带着孩子交朋友
——帮孩子解决社交难题，从小培养孩子社交力

（5）大人们谈话聊天的时候，不要随便插嘴，如果有事情要告诉爸爸妈妈，大大方方说出来，不要咬耳朵，这是不礼貌的表现。

（6）很多客人会问孩子一些问题，比如"叫什么？多大了？在哪里上学？"要鼓励孩子大大方方回答，不要扭捏。但如果孩子真的很怕生，不愿意回答，家长也不应强求，可先让孩子适应陌生的环境，等到与主人熟悉后再进行进一步的交流。

（7）孩子去做客之前，先要和孩子一起探讨，该如何和主人家的孩子相处。告诉孩子，小主人提供什么玩具就玩什么，不要肆意乱翻。看到自己没有的"好玩意儿"，可不要想着据为己有，征得同意后再拿过来玩，之后还要记得放回原处。

（8）到别人家做客，吃东西剩下的果壳、果皮要主动扔到垃圾筒里，或者放到指定的地方，不要随手乱扔。饭前便后要洗手，如果手上沾上了果汁、菜汤，更要及时清理干净，以免弄脏桌布或家具。

（9）面对可爱的孩子，主人往往会准备精美的礼物，或食物、糖果等。接受的时候，一定记得道谢。

（10）如果对方留饭，注意餐桌礼仪。

（11）向主人告辞前，一定要向主人表示谢意，并要真诚地邀请主人到自己家去做客。要语气温和地向主人家中的每一个人告别，并请主人留步，不要远送。如果主人是站在门口目送时，那么孩子应该在走出几步后或在转弯处，回过身来向主人告别，并要向主人说"请回"或"再见"等告别语。

别把孩子养成"势利眼"

相信很多家长都发现,现在的孩子会有一点"势利眼"的倾向,比如,谁家的孩子打扮得比较漂亮,用的文具比较高级,他身边聚集的朋友就会多一些,大家都对他好一些。有的家长明确要求自己的孩子不要和学习成绩差的孩子一起玩,因为"成绩会跟着变差"。整个社会的功利化,导致了孩子纯真的童年开始功利化,这是值得人们深刻思考的问题。

海洋是个有点"势利眼"的孩子,他心里从没有平等待人的概念。平时在班里,他只跟家住城市、家境富裕的同学来往,对那些来自农村的孩子则不理不睬;他只跟学习成绩好的同学来往,对那些学习成绩差的同学则冷言以对。他的这种做法,同学们看在眼里,不满在心里,尤其是一些来自农村的学生,他们感觉自己受到了海洋的歧视,心里很不服气。也因此从不和海洋说话。

在家庭生活中,海洋也是这样,平时对待他那些有钱有势的叔叔阿姨就很亲切,见了面后小嘴特甜,一口一个"叔叔""阿姨"地叫,叫得人心情都变愉悦了。而对于他家里的那些穷亲戚,他则看不上眼,既然看不上眼,那就也没有这么热心了,见了他们时,海洋都是爱理不理的,其表现简直可以用"判若两人"这个词来形容。

许多孩子在不懂事的时候都有势利眼的倾向,不能做到平等待人,一

第10讲 带着孩子交朋友
——帮孩子解决社交难题，从小培养孩子社交力

视同仁。这一方面固然有孩子不懂事的地方，一方面也折射出父母教育的问题。因为父母的疏忽，造成了孩子从小就不能平等待人。而孩子是否能够平等待人，在一定程度上决定了他们在以后的交友过程中是否成功，也就决定了孩子将来能否成为一个成功的人。

现实社会中，由于各种各样的原因，人们存在着很多的不同，如高、矮、胖、瘦、贫穷、富有等方面的差别。父母在教育孩子的过程中，应教会他们平等对待这种差异性，告知他们不管人们之间存在怎样的差异，都不应该去嘲笑别人，而应该平等对待、互相理解、互相尊重。

1. 平等地对待孩子

要让孩子学会平等待人，父母首先要平等对待自己的孩子，要和他们进行平等的交流。很多情况下父母与孩子的交流是不对等的，有时不经意间父母就给了他们不良的暗示：要显示自己的权威，最好的办法就是让人服从，服从是值得赞许和表扬的，不服从就是不好的，就是不尊重自己。因此孩子在以后的生活中，是很难做到平等待人的。

父母可以定期开一些家庭会议，让孩子也加入其中。家里有什么事情也可以和孩子讲一讲，听听他的看法或意见，鼓励他大胆地说出来，让他意识到自己在整个家庭中的地位和作用。

2. 家长应以身作则

孩子每天接触最多的人就是父母了，父母的一言一行对孩子有着很深的影响，如果父母平常就是个势利眼，看不起地位低、没有钱的人，只对有钱有势的人敬重有加，那么孩子自然也会受到父母这种坏风气的影响。所以，父母在平常的为人处世以及接人待物中，应避免出现偏见和歧视的现象，做到平等待人处事。

3. 让孩子发现别人的优点

俗话说："尺有所短，寸有所长。"人各有各的优势，必须以积极、平等的心态对待每一个人，把每一个人都当作重要的人物来看待。对孩子而言，就是要让孩子积极发现每个人的优点和长处，从而做到平等待人。每一个优秀的成功人士，也总是了解别人的长处，做到平等待人的。所以，聪明的父母要鼓励孩子们发现每个伙伴都有自己的优点，每个伙伴都是值得尊重的，从而引导孩子平等待人。

其实，在每个人的周围都存在着很多人，他们可能身份地位、家庭状况都存在着差异，但是他们都是平等的人，没有谁可以凌驾于谁，只要坚持自己的立场，就拥有独立的尊严。父母在教育孩子选择朋友的时候，必须从平等出发，让他们用真心去对待每一个身边的人，这样，孩子必然能够收获真挚的友情。

不要总对孩子说，外面坏人多

父母们应该清楚地意识到，随着孩子的成长，他与外界的接触会越来越多，孩子是社会中的人，只有在适应社会的过程中，才能获得社会的价值观念、行为规范和知识技能，从而不断成熟。

小查和爸爸妈妈在客厅里看电视，荧屏上正在播放一条新闻，是关于"拐卖妇女"专题的法制报道。妈妈看过这条报道后，再三对小查嘱咐：

第10讲 带着孩子交朋友
——帮孩子解决社交难题，从小培养孩子社交力

"现在外面坏人这么多，你一定要小心，千万不要在外面逗留太久，知道吗？放学就立刻回家！"

小查觉得妈妈说话言过其实了，不过，看到妈妈紧张的模样，就随口回了一句："知道了，你放心。"

过了几天，小查妈妈又和女儿说了一件事情："今天我在报纸上面又看到了一条报道，说是现在一些犯罪团伙专门对你这样的女孩下手，你以后出门可得当心，外面真的有很多坏人！你知道妈妈整天有多担心吗？"

小查听了妈妈这番话，开始有点害怕起来了，每次回家的路上，凡是看起来行色可疑的人，小查就担心是拐卖妇女的人贩子。遇到这种情况时，小查会惊恐地一口气跑回家里，生怕后面真的会有犯罪分子在追自己。

就这样，小查每天除了上学放学，几乎足不出户。女孩心想，这样待在家里，应该就不会有坏人了吧！

故事里面的妈妈出于爱孩子，害怕孩子吃亏，被人欺负，于是几乎是以吓唬的口吻嘱咐孩子"外面坏人很多"，还列举了很多例子。这种教育方式是值得商榷的。胆大的孩子也许对此不以为然，可是这类的话语说多了，再胆大的孩子也会害怕的，而那些胆小的孩子也越发地胆小了。

要是像小查那样认为"只要待在家里就不会遇到坏人"了，于是整天待在房间里，又怎么有机会去接触这个社会呢？

父母不应该因为社会太复杂，就把孩子收在自己的"羽翼"下面，如果养成习惯，孩子就会对社会产生惧怕心理，面对父母产生过分依赖心理，从而无力承受外界的压力。

为此，父母应该鼓励孩子走出去，大胆与别人交往，接触社会，在解

决问题的过程中，不断总结经验来使自己从幼稚走向成熟。

不要给孩子灌输一些这样的思想："外面坏人多""外面都是犯罪分子，尽量待在家里"。孩子的成长就是适应环境的过程，让他们自己去解决问题，不要为了保护孩子不受伤害就阻止他们交朋友、接触社会。每个人都是在失败和挫折中慢慢长大的，其实，让孩子了解一个真实的社会，了解其中的美、丑、善、恶对他们的健康成长是有利而无害的。

此外，在生活中，父母还应该鼓励孩子多交朋友并且接纳他们的朋友。这样才不会让孩子永远封闭在自己的狭小世界里面，要让孩子自己独自去体验这个社会的冷暖好坏，勇敢地适应这个社会。

父母要常向孩子讲述一些社会上的好人好事，让他们明白世上还是好人多，要让孩子爱自己、爱身边的每一个人。

给予孩子足够的社交鼓励与支持

一户新邻居搬了过来，琼斯太太注意到他们家有一对活泼可爱的双胞胎，于是，她对自己的儿子塔克说："宝贝，你要有新朋友了，你为什么不出去向他们打个招呼并带他们到周围转转，帮他们熟悉一下环境呢？"塔克歪着头想了一会儿，出去了。但他站在篱笆旁看着那两个孩子忙忙碌碌地整理东西，试了几试没有开口。最后，塔克回到了房间，很遗憾地对妈妈说："我很想成为他们的朋友，但我不知道该怎样跟他们打招呼。"妈

第10讲 带着孩子交朋友
——帮孩子解决社交难题，从小培养孩子社交力

妈立刻意识到，自己需要为孩子的交往提供一些必要的帮助。妈妈没有说话，而是以实际行动来说话，她做了儿子没有做到的事——主动和邻居交往，并让儿子和邻居的孩子成为朋友。事后，塔克说："以后我知道该怎么做了。"

很多人在陌生人面前都会退缩，多数孩子也是这样，并且在羞怯心理的驱使下，孩子很不善于向陌生人表达自己的思想和感受。但每个人都会遇到很多陌生的事物和人，每个人都要学会如何与陌生人相处甚至是和他们交朋友，孩子也不能例外。当孩子出现怯场的情况时，父母有必要为孩子的交往提供必要的帮助。

作为父母，虽然不能主宰孩子在社会中的地位和活动，但可以通过各种方式和途径鼓励和帮助他们，让他们更容易地获得属于自己的东西，这其中就包括帮助他们结交朋友。只要父母给予孩子足够的支持和鼓励，就会帮助他们结交到很多有益的朋友。

1. 给孩子创造结交朋友的环境

共同的爱好、兴趣是友谊的基础，当孩子在某些方面擅长时，就会增强他们的自信，并利用这种专长结交朋友。如果孩子朋友不多，做父母的就可以帮助他们培养某些爱好、兴趣，挖掘他们的专长，这样就会给孩子制造更多的结交朋友的机会。比如，父母可以鼓励孩子到草坪上和其他的小朋友一起做游戏，或者参加艺术训练班，这样孩子就可以找到很多和自己志同道合的人，也会结交很多好朋友。

2. 积极引导孩子与周围的人交朋友

孩子们一般认为交朋友是自然而然的事情，他们不会有意与人接近，有意把自己推荐给别人，而是期望着周围的人能够发现自己，自觉走到自己的身边。在这种观点的支配下，很多来到新环境的孩子总是被动的、消

极的，因此他们总会显得不合群，觉得孤单。这就要求父母为他们引路，在尊重孩子的同时也要调整介入的方式。

当约翰在一所新学校开始他的学校生涯时，他最好的朋友都去了另外一所学校，这让他非常孤单。一天晚上，妈妈打开了自己少女时代的日记，读了一些她当时进入一所新学校的想法。之所以这样做，是因为这位妈妈认为自己的日记是最好的说明，可以让约翰明白，每个人在不同时候都会遇到一些困难。果然，这些日记减轻了约翰的烦恼和痛苦，并且给了他结识新朋友的勇气和经验。

3.善待孩子的朋友

孩子的自尊心都很强，在朋友面前特别注意自己的尊严和面子，因此作为父母一定要善待他们的伙伴，这样就会让孩子觉得很有尊严，也会让他们更乐意与人交往。

在生活日常中培养孩子合作能力

有人曾经问日本的一位小学校长："您办学最注重的是什么？"校长回答说："教育孩子理解别人，与其他人合作。在现代社会，如果不能与人相互理解和合作，知识再多也没用。"事实证明：人与人之间明显冷淡的相互关系，必然导致人产生消极的劳动态度，给共同的事业带来不可估量的损失。

第10讲　带着孩子交朋友
——帮孩子解决社交难题，从小培养孩子社交力

有一座市镇想组建一个交响乐团。能成为交响乐团的成员是一份荣誉与特权，加入者不必拥有自己的乐器。乐团指挥提供一份永久性的邀请，任何人都可以签约加入，那是一份终生的合约。很快，交响乐团就组建起来了。

指挥者交给每位演奏者他所编写的"完美乐曲"的一部分，要每个人好好练习，等到音乐会那天做首场演出。每位演奏者都认真练习，但不久以后，演奏者就留意到其他人练习的部分与自己的不同。

"看那些小提琴，"法国号手抱怨说，"他们练习的方式既无节奏也无条理……每次内容都不一样，为何他们不与我们练习同样的音阶和乐曲？这些人连基础都没打好！"

"我宣告，"小提琴手嗤之以鼻地观看法国号手的练习，"真难相信他们每次练习的都是相同的东西。那一定很无聊！他们为何不像我们一样，享受即兴发挥的乐趣？"

"你能想象吗？"鼓手说，"那些吹奏低音管的人只懂得在房间里练习，结束了便回家，从来没有在观众面前演出，他们一定没什么进步。"

"有时候真叫人怀疑他们有没有签订合约，"吹低音管的人叹气，"那些鼓手真忙碌，每晚都去市内，在最糟糕的地方演奏，或许他们从来不花时间练习。"

演奏者曾经不期而遇，当然他们的话题也集中在如何诠释乐曲。

"这是一首胜利进行曲，"小号手断然地说，"应当奏出庄严和胜利的气氛。"

"不，不，"竖琴手说，"那是一首情歌，应当甜蜜、愉快、温柔。"

"根本是疯狂！"吹单簧管的人打断他的话，"那是一首圣诗，属于虔诚和崇拜的一类。"

虽然有许多分部的练习,演奏者却从未进行过全团练习,因此也就没有人知道该作品将于何时演出。由于他们对演奏时间和方式争吵甚为激烈,这个话题最好不要再提起。

交响乐团的各部仍然保持单独练习,当演奏的日子来临,指挥家举起指挥棒的时候,试想,他们会演奏出一个完美的乐曲吗?

这个时代的孩子,正承受着许多前所未有的压力和漠视,成人把一切对孩子培育的专注点都投射在其学业成绩,而忽视了处理孩子的各类情感需要,没有适时引导他们如何去调节与疏导不快的情绪。家庭是孩子学习与人相处的基地,疼爱孩子的父母们,不妨参考以下所提供的方法,以辅助孩子与人建立和谐的人际关系,与他人友好合作。

(1)父母要起表率作用。父母本身具备的品德,一般在孩子身上都可能找到。因此,父母首先要为孩子创造出一个良好的家庭环境。一个整天吵闹不休的家庭,是很难造就出一个具有和蔼品质的儿童的。父母对他人的热情、平等、谦虚等处世原则和行为,是孩子最好的直观而生动的教材,会在潜移默化中培养出孩子尊重别人、爱护别人、能与别人和谐相处的良好品性。

(2)提醒孩子凡事要想到别人。如果孩子自私自利,凡事都只想到自己,遇事就会斤斤计较,也难于与别人友好相处,又怎么能谈得上与他人合作呢?在孩子小的时候,父母不妨对孩子进行这方面的"分享训练":如孩子手中拿着玩具时,父母可以拿另外的东西慢慢地递给他,从他手中取走玩具。通过这样反复训练,孩子便学会了互惠与信任。同时适当地给孩子以引导,让孩子觉得分享对他来说不是一种剥夺,而是平添更多更新更好的机会和乐趣。

(3)要让孩子多参加一些集体活动,使孩子在集体活动中自觉地意识

第10讲 带着孩子交朋友
——帮孩子解决社交难题，从小培养孩子社交力

到与他人真诚合作的必要性。同时，要培养孩子在集体活动中做一个有责任感的人，做一个让人依赖的人。使孩子知道，一个人要想让别人依赖自己，自己必须要言而有信，与人友好相处。应该注意的是，在活动中若自己的孩子与别人的孩子发生争执时，父母千万不要过早干预，在很多情况下，孩子会自己解决矛盾，从而获得与人相处的经验。

（4）让孩子学会一些合作的技巧和规则。父母要让孩子明白，在合作中既要尊重对方，服从大局，讲统一，又要有自己的立场。容忍和随和是有尺度的，也就是说，在合作过程中，不能唯我独尊，只想自己，要充分顾及他人的要求与需要，哪怕必要时做出一定的让步和牺牲。但是，迁就与让步是有限度的，不是放弃原则，在合作中要有自己的立场与个性，要知道取得同伴的信任与尊重是合作成功的前提。

需要重点强调的是，培养孩子的合作精神，家庭生活很重要。在家庭中，父母可以多创造与孩子合作的机会，如母女一起做饭、父子一起修理自行车等。在与父母的合作中，孩子可以学到与他人合作的技能，在今后与他人的交往中能运用这些技能。对于孩子主动进行合作的行为，父母应该给予表扬。同时，还要鼓励孩子多参加集体活动，孩子真正形成合作与竞争技能的时机往往是在与同伴们集体的活动中，如在学校的运动会上，为同学服务、加油等。

小孩闹矛盾，教他自己去解决

孩子间的矛盾冲突，是孩童之间经常发生的"小事"。在这些"小事"上都"不能吃亏"的人，长大一定是不幸福的。处处争强好胜咄咄逼人的人，人缘一定好不了。因此，家长不要灌输不能吃亏的观念，更不要参与到孩子的冲突中来。

乐乐和青青都满7岁了，同上小学一年级。据老师反映，这两个孩子都属于个性比较强、不太听话、坐不住的那种类型。乐乐的个头虽然不高，但却十分调皮；青青个子高一点，但要比乐乐老实一些。平时两个人还玩得很不错的，虽然在一起时总爱小打小闹，但老师都能及时制止他们。

一天放学后，很多小朋友都想在学校中多玩一会儿，来接孩子的父母只好等在旁边。这时，突然从滑梯上传来吵闹声，正是乐乐和青青闹别扭了。

"我要先滑！"

"应该我先滑！"

只见两个人嘴里一边嚷着，一边互相推来推去，互不相让。乐乐虽然个头小，却一点不弱，一把将青青推到了旁边，自己先向下滑去。青青当然也不甘示弱，紧跟着滑了下来，在乐乐还没有站起来之前，撞了上去。

第10讲 带着孩子交朋友
——帮孩子解决社交难题,从小培养孩子社交力

这一撞把乐乐一下就撞到了地上,乐乐一边哭着从地上爬起来,一边就冲向了青青。于是,两人扭打在一块儿了。

乐乐的妈妈看到自己的孩子被人欺负,一团火顿时从心中升上来,冲过去一把将青青拉开,凶狠狠地对青青说:"你这孩子怎么这样没教养!把别人撞倒了不说,还要打人。真是的!"

青青看见大人显然吓坏了,怯生生地回答说:"是乐乐先推我的。"

"你这孩子,小小年纪,打了人还要狡辩。怎么了得!"乐乐的妈妈絮叨着。

青青的妈妈突然看见自己的孩子正被一个大人数落,心里很不是滋味,气愤地冲乐乐的妈妈嚷嚷:"你这么大个人了,怎么跟小孩子一般见识,冲他嚷什么呀!"

"你眼睛长到哪里去了?没看见是你的孩子在打人吗?"乐乐的妈妈横眉冷对。

"那又怎么样?怕被人欺负就不要让他出门啊!没素质!"青青的妈妈也不甘示弱。

就这样,为了孩子间的一点小打小闹,两个大人却在那里吵得天翻地覆的,最后竟然还你推我搡的了,把两个孩子吓得呆呆地站在一边不知怎么办才好。幸好几位老师及时来了,才将事情平息下来。当两个妈妈还在生闷气的时候,两个小东西却早已重新爬上滑梯,又高兴地一起玩起来了。

孩子之间发生矛盾冲突是必然,对于一般性冲突,家长根本无须过分干预。

不需要家长干预的矛盾,即那些不会引发严重后果的冲突。这种矛盾一般发生在年龄较小的孩子之间。比如,两个孩子抢玩具,只要没打起

来，谁抢到就让谁先玩，家长不要干预。即使互相拍打两下就自动停止了，也无须干预。因为孩子的一般矛盾冲突发生很快，结束很快，也很快就会忘记，很快就会又在一起玩了。吃亏的孩子会总结自己的想法和做法，会采取其他方式跟同一个小朋友相处，争夺玩具。这次他吃亏，下次可能就不会吃亏。双方都会总结经验教训，都会调整自己的方式，这其实就是在培养孩子学习社交能力和方式。如果孩子一有矛盾家长就干预，就替孩子解决，把孩子拉走，不让再在一起玩儿，或者鼓励孩子去打别人，或者亲自教训别人的孩子，这些做法都太短视，太功利，这次冲突好像没让孩子太吃亏，教训了别人的孩子，但孩子总会有冲突，除非家长次次能帮助孩子解决，总让孩子处于家长的保护之下，否则，孩子永远不知道如何处理矛盾冲突。事实上，不可能让孩子永远处于家长的保护之下，孩子总得独立面对冲突和矛盾。自己从矛盾冲突中掌握处理方法，培养处理能力，这才是最关键的。

1. 以一颗平常心来对待孩子之间的冲突

孩子之间是很容易起摩擦的，这不值得大惊小怪。父母不要对此斤斤计较，这样更有助于孩子间的友谊，促进彼此的了解，从而使孩子相互成为好朋友。如果问题比较严重，父母也只宜采取劝阻的方法，不要去添油加醋，促使矛盾进一步恶化。最好能将自己的孩子带走，对他进行安抚及引导。

2. 正确平息孩子的情绪

小孩子在被人欺负后心里会很不舒服，就想立即讨回公道，进而转化为动手。这是孩子的一种自卫心理，大人要让孩子树立自我保护的意识，但要教育孩子不能动手打人，更不可主动去攻击别人。乐乐的妈妈就做得非常欠妥。当她看到儿子被撞后，不去安慰自己的孩子而是去责备别人的

第10讲　带着孩子交朋友
——帮孩子解决社交难题，从小培养孩子社交力

孩子。发生这种事情，不妨将自己的孩子拉开，问问他的感受或替他说出感受，让孩子明白父母是知道他的感受的。接着对孩子做正确的引导，比如可以说："他撞了你，你很疼，那你打了他，他不也同样会很疼吗？"孩子从中找到平衡，很快就会将一切丢到脑后，愉快地玩耍了。

3．让孩子意识到自己的错误

青青的妈妈要做的就是要让孩子知道不管前面是谁先不对，但撞人本来就是不对的。就算是无意的，也应带孩子去向别人道歉。可以对孩子这样说："我知道不是你先动的手，可后来你却把人家撞疼了，这就是你的不对。去跟小朋友道歉，好吗？做好朋友不是更好吗？"这样孩子是会接受建议的。

4．千万不可纵容或压制

在处理孩子与孩子间的矛盾时，父母一定要注意方法，过于疼爱和过于严厉都是不可取的。因为对孩子的迁就与疼爱而去替他撑腰，很容易助长孩子的攻击性，使孩子养成欺负弱小的习惯。而对孩子太严厉也不能收到很好的效果。因为孩子也有自己的感受，如果他得不到发泄，很容易造成心理扭曲，这样不仅伤害他们的自尊心，还让孩子没有自我保护的意识，从而变得胆小懦弱，并损害他的人格，导致他遇事不能自己处理。所以，父母们一定要注意把握一个度，让孩子的生理与心理都能健康地成长。

冲突，在孩子的世界里可谓屡见不鲜。碰到这类情况时，父母应了解事情的经过，针对情况做出正确的处理，孩子年龄虽小，但他们也有一定的是非判断力，遇到"冲突"时，父母可引导孩子采取协调的办法，放手让孩子自己来面对和处理问题，同时，多给他们一些鼓励和建议，从中加以引导，让孩子学会站在别人的角度考虑问题，通过相互协调，达到"双赢"的目的。

※ 智杰点津：如何拯救孩子社交退缩症

兰兰生活在一个经济条件优裕的家庭里，父母和爷爷奶奶都很宠爱她，对她照顾得非常周到，生怕她受一丁点儿委屈和伤害，从不肯让她单独出门，他们告诉她外面有坏人，像大灰狼一样狡猾而凶恶，什么坏事都干得出来。于是，兰兰养成了胆小退缩的性格，不敢自己上街，6岁了还不敢与其他大人孩子交往，连去动物园都不敢，怕大灰狼从笼子里跑出来伤害她，凡事总依赖父母和爷爷奶奶。

像兰兰这种情况，心理学专家叫作"儿童社交退缩症"。有这种心理障碍的孩子通常孤独、退缩、胆小、害怕，不愿到陌生的环境中去，甚至连逛公园、去动物园、看电影、随父母到亲友家做客都不愿意；也从不主动与其他孩子交往，常常很少交朋友、沉默寡言。

社交退缩症给孩子的成长带来的负面影响是多方面的：难于结交新朋友，无法与人共享亲密与关怀；难与人有效地沟通，因而妨碍自己意见的表达与自身权益的维护；容易引起他人的误会，妨碍他人对自己的正确评估，因为社交退缩的学生总是给人一个不友善、不信任、不坦诚、缺少热情的印象，使得他人很难了解他的真实能力。

事实上，当社交焦虑或者社交退缩导致同伴关系变糟糕的时候，通常还会涉及其他的问题。比如，有的孩子可能有强烈的攻击性、易冲动或者极度活跃。也有的孩子缺少社交能力和技巧，或者可能易哭泣。最终，这些孩子会变成社交弱势。这也就是说，他们可能会被忽视、不被接纳，甚至更糟糕的是，同龄人完全排斥他们。帮孩子纠正社交退缩，是家长们的

第10讲 带着孩子交朋友
——帮孩子解决社交难题，从小培养孩子社交力

当务之急。

对孩子社交退缩症的治疗，主要是家长对孩子进行心理治疗，其要点包括：

（1）寻找孩子社交退缩症形成的原因，对症治疗。如果是父母教养不当，则应从改变教养方法入手；如果是孩子经受某种重大刺激，则应加以慰藉和开导，力求家庭环境和父母态度有利于孩子身心的发展。

（2）鼓励孩子参加集体活动。与小朋友们一起玩耍，有助于孩子克服孤独感，较快地适应外界环境，建立融洽的人际关系。

（3）加强体育锻炼。健身的同时锻炼意志，豁达情怀，培养孩子的乐观性格。

（4）对社交退缩顽固的孩子，建议家长在医生的指导下，适当使用抑忧郁药物。父母过分的疼爱和关照会造成孩子的畸形成长。唯一矫正的方法就是让孩子融入集体，增加交往。